小池澄夫
瀬口昌久
Sumio Koike
Masahisa Seguchi

ルクレティウス

『事物の本性について』

愉しや、嵐の海に

書物誕生
あたらしい古典入門

岩波書店

目次

装丁＝森　裕昌

一、本書は第Ⅰ部第二章までを小池が執筆し、第Ⅰ部第三章以降は瀬口が執筆、また本書全体について瀬口が調整を行なった。執筆の経緯については巻末の「あとがき」を見られたい。

一、ルクレティウス『事物の本性について』からの引用は、第Ⅰ部第一章と第二章に関しては小池澄夫訳が用いられ、それ以降の引用は翻訳者の名前が記載されているものをのぞき、藤沢令夫・岩田義一訳の訳文を使用し、それぞれに必要と思われる変更を瀬口が加えている。

一、引用文中の〔 〕は筆者による補足である。

一、古代の固有名詞については、原則として母音の長短は区別せず、音引は省略した(例、「プラトーン」ではなく「プラトン」)。また、引用する文献の書誌情報における固有名詞の表記は、その文献での表記どおり示す。

プロローグ

いつか大地を滅ぼす日の来るときがあれば、そのとき
崇高なルクレティウスの歌も滅びることになるだろう。
——オウィディウス

——ルクレティウスって、どういう人だったのですか。

——人名辞典をみるとか、今ならインターネットで調べたらいいでしょう。

——ネットはのぞいてみたんですよ。『ウィキペディア』だと、「ティトゥス・ルクレティウス・カルス(Titus Lucretius Carus, 紀元前九九年頃―紀元前五五年)は、共和政ローマ期の詩人・哲学者。エピクロスの思想を詩『事物の本性について』に著した。エピクロスの宇宙論を詩の形式で解説。説明の付かない自然現象を見て恐怖を感じ、そこに神々の干渉を見ることから人間の不幸が始まったと論じ、死によってすべては消滅するとの立場から、死後の罰への恐怖から人間を解き放とうとした。六

巻七四〇〇行からなる六歩格詩〔ヘクサメトロスのこと。本書一〇頁参照〕『事物の本性について』(ラテン語：De rerum natura)を著して唯物論的自然哲学と無神論を説いた」としかなくて、英語のほうも見たら、こちらはずいぶん記事が多くて充実しているみたいです。でもあんまり英語を勉強しなかったので、よくわかりませんでした。

'Very little is known about Lucretius's life; the only certain fact is that he was either a friend or **client** of **Gaius Memmius**, to whom the poem was addressed and dedicated.'

翻訳機械にかけてみたんですが、チンプンカンプン。

「ルクレティウスの人生についてはほとんど知られている。唯一の確かな事実は、彼がガイウス・メンミウスの友人またはクライアントであり、詩の宛て先であり献身的だったたことです」ですって。

——うーむ。英語力というより普通の日本語の読み書き能力のほうに問題がありそうですね(笑)。「ごくわずかのことしかルクレティウスの生涯については知られていない。唯一の確かな事実は、ガイウス・メンミウスの友人かクライアントであったこと、そしてこのメンミウスに宛ててその詩を献呈したということだけである」。太字のところは注がついているのかい。

——クリックすると、「クライアント」とは何か、「メンミウス」とは誰かについて検索できるようになっているんです。

——へぇー、そりゃすごい。クライアントはラテン語ではクリエンテース、これは名詞の複数形で、単数はクリエンスですけどね。有力貴族の庇護下にある平民の人たちで、定期的に下賜物なんかもあるんですが、その代りお返しの奉仕もしなければならない。庇護者やその関係者が選挙に立候補したら投票するとか。この庇護者のことをパトローヌス(patronus)といいます。

――パトローヌスはパトロンの語源みたいですね。そうすると、ルクレティウスは平民階級の人だったんですか。

――ルクレティウス並みのギリシア哲学や文学の素養は、小さい時からギリシア語が習える環境にあった人でないと無理のように思われます。ローマの平民に家庭教師を雇う経済力はないから、今でいう文学的パトロンのような意味だったらともかく、メンミウスとは友人の間柄だったというのが穏当なところでしょう。『事物の本性について』の第一巻の序歌のところで、女神ウェヌス(ヴィーナスのことですよ)への祈りがあって、そこにはじめてメンミウスの名が登場します。正確にいうと、「メンミウス氏族の裔」ですけどね。引用箇所の表示は、巻と行を中黒(・)で区切って漢数字で記しておきます(例、一・二五―二八)が、原詩そのままに行分けして翻訳するのは不可能なので、まあ適当にやらせてください。

この詩は、事物の本性について書き綴り、また
われらがメンミウスに宛てたるもの。
その人こそは、女神よ、あらゆる機会に貴方が栄誉で飾り、
誰よりも秀でんことを望まれし者。さればなおさらに一層

わが言葉に、女神よ、とこしえの魅惑を授け給え。

（一・二五―二八）

――それで、このメンミウスはどういう人なのですか。

――これは実在の人で経歴やエピソードも伝えられているのですが、ちょっと紹介する気になれない。つまらない人物ですからね。詩の中で語りかけられているキャラクター属性は、「詩の嗜みがある読書人」というのが一つ、もう一つは「政治的人間」、こちらは非エピクロス派ということです。で、ルクレティウスは、結局は失敗に終わっているんですが、この人にエピクロスの哲学を教えることによってエピクロスに帰依させようとしている。

――できの悪い教え子ということですか。

――年少の友人だったかもしれない。これはルクレティウスが部分的に模倣したギリシアの哲学詩人エンペドクレスの「聴け、パウサニアスよ」の影響もあるでしょうね。それから、このメンミウスという名は十回以上出てくるのですが、個人的な色彩はどんどん薄れていきます。

――ということは？

――ルクレティウスは自分の語りかけている聴衆をメンミウスと呼んでいるだけで、実在のメンミウスはあまり関係ないと解することもできる。ルクレティウスは自分の作品が、一定数の観客を相手に劇場で演じられたり、朗誦されたりするものではなく、文字で書かれた詩であることを明確に意識しています。だから、ここでは聴衆ではなく、書物文学において想定される読者が造型されている。

――それじゃ、メンミウスは読者であるわたしを指していると考えてもいいのですね。

――ルクレティウスはこのメンミウスを愚鈍にみせて、読者が聞き手ではなく、むしろ語り手に同一化するように工夫したというような穿った解釈もありますけどね。

――ほかに変な記事もありました。媚薬を飲用して発狂し、自殺したとか。

――ひとの話を聞いてないな。その記事はまずガセネタのたぐいですけど、英国のヴィクトリア朝時代の詩人テニスンのところでお話しましょう。

――ルクレティウスは日本ではどう読まれていたのでしょうか。

――通読した人はあまりいなかったんじゃないかと思う。でも、そういう読者の中にとても優れた人がいて、いままでにルクレティウスについて日本語で書かれた最高の文章を残しています。


今からもう十余年も前のことである。私は誰かの物理学史を読んでいるうちに、耶蘇紀元前一世紀のころローマの詩人哲学者ルクレチウス(紀元前九八―五四)が、暗室にさし入る日光の中に舞踊する微塵の混乱状態を例示して物質元子の無秩序運動を説明したという記事に逢着して驚嘆の念に打たれたことがあった。

(寺田寅彦「ルクレチウスと科学」二〇七頁)

――カーテンの隙間から朝日がさす時なんかも、埃が舞ってるのが見えますね。
――私も子どもの頃、納屋に入ったときに、そんな光景を目にした記憶があります。ルクレティウスはそれをこんなふうに描いています。

暗室に太陽の光線が射し込むと、無数の微粒子が
光を浴びて乱舞しているのが見られるだろう、
それは永劫に終わりのない戦争のごとく
隊形を変えてはまた、波状攻撃をしかけ
離合集散を繰り返して、やむことがない。
ここから想像できるだろう、原子が
広大な空虚の中を不断に運動するさまが。

（二・一一四―一二二）

まだまだ続くのですが、いまはここで打ち切って先の寺田寅彦の続きを引用しときましょう。

実に天下に新しき何物もないという諺を思い出すと同時に、また地上には古い何物もないということを痛切に感じさせられたのであった。

――かっこいいですね。(でも『事物の本性について』なんて、硬いタイトルだなあ)「事物のほんしょう」って何ですか。

――何を言ってるんだか。本性という言葉は、本心とか、生まれつきの姿や性質とかの意味だから、「化け物が本性をあらわす」というような成句がありますが、哲学用語としては、「ほんせい」と読んで、ギリシア語のピュシス(physis)、ラテン語のナートゥーラ(natura)の訳語に当てられてます。

――英語のネイチャーと同じなんですね。『事物の本性について』より『自然について』のほうがいいんじゃないかと思いますが。

――いいのですけど、日本語の「自然」は「花鳥風月」「草木虫魚」で、それから四季のうつりかわりに限定されているから、いまひとつ正確でない。それから、『自然について』はエピクロスの主著のタイトル名の訳にしておく(今は残っていない本なので、手抜きする)と、ルクレティウスと区別するのに都合がいい。

――なんだか、いい加減なお話ですね。それで、その「事物の本性」は自然ということでは言いつくせないとすると、どういう意味になるのでしょうか。

――哲学事典式に説明すると居眠りされかねないから、ソクラテスが刑死する最期の日の対話を綴ったプラトンの『対話篇』から引用しておきましょう。そこでソクラテスは若い頃に熱中した「自然についての探求」を回顧しています。この「自然」を「事物の本性」に置き換えて引用しましょう。

若い頃、私が驚くほど熱中したのは、あの「事物の本性についての探求」と人々が呼んでいる知恵であった。私はその知恵の威容に目をみはった。それぞれのものの原因を知ること、それぞれのものは何によって生成し、何によって消滅し、何によって存在しているのかを知ること、それは断然他を圧して素晴らしいことに思えたのだ。

（プラトン『パイドン』96A）

――それぞれのものの原因といっても、あらゆるものについて探し求めようとすれば、きりがないですね。

――若いソクラテスの場合、生物の発生、認識のはたらき、天空と大地の諸事象がメイン・テーマでした。この「自然探求」の重要な性格は、自然の現象の説明にあたって、自然の中にあるものだけで説明するということです。

――どういうことでしょう。

――超自然的原因を排するということ。そうですね、これも引用しておこう。「われわれの知る働きは、血液によるのか、空気や火によるのか、それともまたそのいずれでもなく、脳髄が聴くとか見るとかの感覚をつくりだし、そこから記憶と判断が成立し、この記憶と判断が固定すると、それによって知識が生じるのか」（『パイドン』96B）というような考え方です。

――いまひとつ、わかりません。

――事物の本性というのは、宇宙のすべて（ということは、私もあなたもです）は、原子と空虚（これは隙間でもいいですね）とから出来ているということです。

――心もですか。

――心というのは、中枢と末梢の神経系のはたらきということで、神経をつくりあげているのは、骨や肉や血をつくっているものと同じ。だから原子です。ただ、人の場合、言葉がこれに加わるので、かなり複雑なはたらきになる。そうすると、心というのは一つには記憶なんだろうね。あと、「嘘をつくな」とか言われたことがあるでしょう。言葉が真実と虚構に分離する、これが心の誕生です。

――そんな説明ではわかりません。どうしてルクレティウスはそういう話題を、わざわざ韻文で書いたのですか。

――散文ならもっと楽に書けたと思ってるんですね。そうとはかぎらない。だいたい古い時代の教育は詩の暗誦が主たるものだったので、詩のほうがわかりやすいし、書きやすかったんですよ。

――それじゃ「嵐の海」というのは？

――プロローグが長くなりすぎた。ちょっと休憩。その間に次の二行を暗誦しておいてください。

Suāue, marī magnō turbantibus aequora uentīs,
ē terrā magn*um* alterīus spectāre labōrem;

——どう読むのでしょうか。

——ローマ字読みでいいのですが、ラテン詩の韻律はギリシア詩と同じように、音の長短からできていて、これはヘクサメトロスという叙事詩の韻律、一行が長短短(また長長も混ぜて)六脚の韻律で書かれてます。

——長短というのは、母音「あいうえお」の長いのと短いのがあるということでいいのですか。

——長短は音節単位です。長母音を含む音節はもちろん長音節ですが、たとえばmagのように短母音でも子音で終わる音節に含まれると、その音節は長になります。語尾のmは弱い音で、次に母音があると消えてしまう。イタリックにした部分(um)は、続く母音に融け込んで、magn' alterīus（まぐなるてりーうす)だけど、ター・タータタ・ターという韻律なので、長母音の「いー」が割れて、magn' alteri-ius(まぐ・なーてり・ゆす)になります。日本語表記では子音と母音の区別がないので、短い音節が長く読まれてしまう。だから、ちょっと変則的に誇張して書いてみましょう。

Suāue, ma | rī mag | nō || tur | bantibu | s aequora | uentīs

すぁーうぇま・りぃー**まぐ**・のー　とぅる・**ばん**てぃぶ・**さぇ**こら・**うぇん**てぃーす

太字になっているところは、アクセントがつきます。ギリシア語やラテン語は日本語と同じく高低アクセントです。四分の二拍子か八分の四拍子。一行目は、タータタ・ターター・ターで切れ目(caesura)が入り、以下が弱起のメロディーになります。ター・タータタ・タータタ・ターター。

——どうして切れ目がはいるんですか。

——どうしてというより、三脚目の長音までで意味のまとまりができると、そこで小休止入れるのが自然だから。で、二行目は切れ目なし。

ēter | rā mag | n'alteri | jus spec | tāre la | bōrem

えー**てっ**・らー**まぐ**・なーてり・**ゆっ**すぺく・**たー**れら・**ぼー**れむ

——こちらは、ターター・ターター・タータタ・ターター・タータタ・ターターですね。

——長短短をダクテュロス(指関節のこと、似てるでしょ)、長長をスポンデー(厳粛な誓い)といって、第五脚はダクテュロス、第六脚はスポンデーと決まっているんですが、アレクサンドリアの詩人たちの新趣向を受けて第五脚がスポンデーになっている行も少しはあります。スポンデーは大波のうねりの感じで、ダクテュロスは、少し攪乱的な速い動きになる。

——意味もわからないまま憶えろと言われても。

——だいたいのところで、いいでしょうね。ラテン語の語順をできるだけ日本語にあわせると、「愉しきかな(suaue)、大きな海で(magno mari)海面を(aequora)風が攪乱しているとき(uentis turbantibus)、他人の(alterius)大きな労苦を(magnum laborem)陸から(e terra)眺める(spectare)のは」。

第Ⅰ部 書物の旅路

キリスト教世界を生き延びた原子論

「ルクレティウスの詩は、おまえの言うとおり天才の輝きにあふれているが、同時にまた技巧の粋をつくした作品だ」。これは紀元前五四年の二月上旬にキケロが弟クィントゥスに宛てた手紙で、ルクレティウスに関する同時代人による唯一の証言であるが、作品の論評であって、ほかにルクレティウスその人について言われたものは一つもない。

この頃クィントゥスとキケロは、ユリウス・カエサルの率いるガリア戦役に従軍していて、その冬営地での奮戦の模様が『ガリア戦記』第五巻に記録されている。ローマの共和国体制がマリウスとスッラの血で血を洗う抗争を経て、大ポンペイウスが台頭し、やがてルビコン川を渡ったカエサルと覇権を争って破れ、そのカエサルも暗殺される十年前のことになる。ルクレティウスはこの前年あたりに死去したのかもしれない。突発的に少数の人々の間で話題にのぼる。そういったことは、これまで知られていなかった長詩が遺作としてはじめて公刊されたのであれば、ありそうな話に思われるからだが、しかしこれも推測の域にとどまる。

結局のところ、ルクレティウスは『事物の本性について』の語り手であるところから切り離して特定することが不可能なのである。この全六巻を材料に、あまり想像をたくましくしなくとも推定できるのは、おおよそ次のようなことになるだろう。一つ、ローマ共和政末期(紀元前一世紀前葉)の血なまぐさい権力闘争と動乱の時勢、骨肉相食む暗黒時代にあって、エピクロス哲学に心酔し、隠者の観想的な生を理想としたこと。一つ、超俗の境地を説いてはいるが、彼自身は詩人としての名声を渇望していたということ。一つ、ギリシア文学に造詣が深く、したがって、それだけの経済的余裕のあった貴族階級の一員であったろうということ。

第一章　修辞的カノン

嵐が波を騒がす大海に

有名な四行をどう解釈するか

愉しきかな、大海に、冬波さかまく嵐のさなか
余人の大いなる惨苦を陸地から眺めるのは。
誰か人が苦しんでいるから心嬉しいのではない
おのれの免れた災厄をつぶさに知ることが愉しいのだ。

（二・一―四）

「修辞的カノン」という聞きなれない言葉は、先行作品の語法を範(カノン)として後代の文学作品が繰り返し用いる技法を指している。日本の和歌の世界にも、本歌取りの技法があり、すでによく知られている古歌の一部を取って新たな歌を詠み、本歌を連想させて歌にふくらみをもたせることが行なわれる。ルクレティウスには、先行する文学作品の語法を修辞的カノンとして意図的に用いた詩句が多くみられる。プロローグで暗誦するように引用した詩句もその一つだ。

第二巻の冒頭四行はルクレティウスの詩句のうちでもとりわけ有名なもので、紀元後の七九年に火山灰に埋もれたポンペイの、通称「マルクス・ファビウス・ルフスの家」にも、「愉しきかな、大海に」(suaue mari magno)という最初の三語の落書が残されている。海を臨む大きな窓とテラスのある階下の部屋に降りる踊り場に、恋人たちの名と恋歌と並んで書かれていて、ここから海を眺めたらさぞ愉しかろうというような場所だという。これはルクレティウスの時代から数えておよそ百年後の話だが、この三語は二千年を経た後の『失われた時を求めて』にも、「傍観者の楽しみ」という意味で何回か引用されている。なかでも、すでに死相の現われた客が入場するゲルマントの夜会の場面が印象深い。居合わせた客がその顔に注いだ視線には「ぶしつけな好奇心、残酷さとともに、自分自身を振り返ったときの落着きと気がかりがこめられていた」(『ソドムとゴモラ』)ということが、このルクレティウスの句と「創世記」(第三章一九節)の「汝は塵なれば」の組み合わせで描かれている。ポンペイの落書の主が何を思っていたのかはよくわからないが、プルーストは「愉しきかな、大海に」に残酷と安堵の響きを感じとっていて、この四行だけ読めばそれが普通の受けとめ方にも思われるが、いかにも人間関係と心理に埋没したモラリストの観察で、いまさらながらプルーストの舞台がもっぱら社交界であったことに気づかされる。

はじめ冒頭行は「愉しきかな、嵐が波を騒がす大海に」と試訳してみたが、「愉しきかな、大海に」に合わせようとしているうちに二転三転してしまった。原詩に冬などという言葉はないじゃないか。大風はわれわれの風土では夏から秋にかけて吹き荒れるものだが、地中海では冬に起こり、ギリシア語では嵐と冬は同じ語(cheima)で呼ばれている。紀元前七世紀、ヘシオドスは『仕事と日』(六一八―六三〇)で、冬が到来し風が吹きすさぶようになった時には「もはや船は葡萄酒色の海に置くな、畑仕事に精を出せ。船は陸に揚げ、船底の栓を抜き、帆を畳み、舵は屋内に吊し、航海が可能になる季節を待て」と忠告している。

またルクレティウスは冒険航海者の気質からほど遠かったようで、ずいぶんと航海術に冷淡である。太古の人類は、なるほど猛獣の餌食となるような危険にさらされていたであろう。が、しかし「航海術は知られておらず」「嵐の海が船団と乗員を岩礁に衝突させることもなかった」。

しばしば海は隆起し荒れ狂うものの、破壊する相手もなく
脅威は軽くいなされて、むなしく過ぎていった。
また凪の海の、蠱惑的な奸計が笑いさざめく波で
人をあざむき、破滅にいざなうこともできなかった。

（五・一〇〇二―一〇〇五）

これでは技術の発明が道徳的堕落をひきおこすといった類いの意見のように思われてしまうが、はるか一六世紀になっても、ヴェネツィアでは冬季の航海が禁止されていた。この季節に船出するということがすでに無謀きわまりないことで、その愚行に茫然とすることはあっても、はたして冬の嵐のなかで難破した人々への同情が湧くかどうか。

それやこれやで、「愉しきかな、大海に」は、人々の阿鼻叫喚が描き込まれているのではない想像的風景（ターナーが好んで描いた嵐の中の船の絵）であろうと思われてくる。

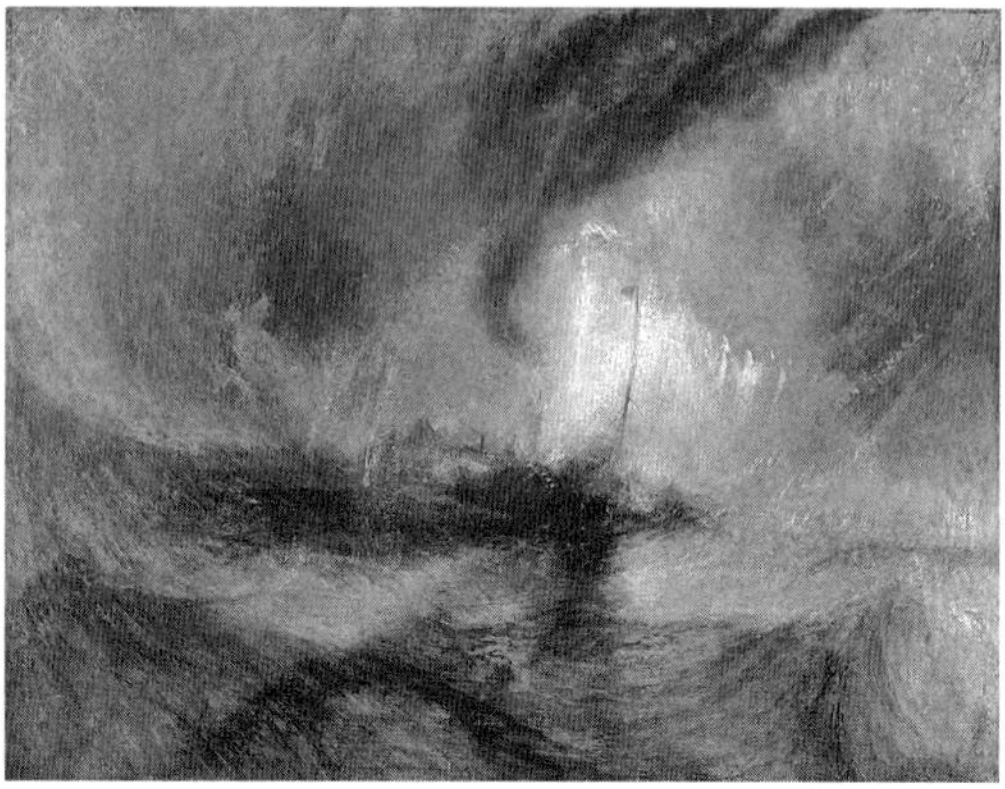

図1――ウィリアム・ターナー「吹雪―嵐の夜に，港から流された汽船が浅瀬に信号を送り，誘導信号に従おうとする情景」(1842年)．テート・ギャラリー蔵．

だからこそか、反対に実景としてみたとき、実際に他人の不幸や苦痛を見ることは喜びであると認めるエドマンド・バーク（一七二九―九七）のような人はめずらしく、ここに独特のエゴイスティックな冷酷さを嗅ぎとる人のほうが多いだろう。それはルクレティウスの視線が嗜虐的だからではない。一人一人の苦難から目をそらして、そこにあったかもしれない自分自身を見ているからである。

ヴォルテールの反発

ヴォルテール(一六九四―一七七八)は、戦場にもルクレティウスの本を携帯したフリードリッヒ大王とともに(実はなかなかに複雑な経緯があるが)、迷信宗教の弾劾においてはルクレティウスへの共感を隠さなかったが、『哲学辞典』の「好奇心」の項目を執筆したときには、この内省的視線が喜びをもたらすという考えに強く反発した。嵐に翻弄される船を見ようと人を海辺に走らせるのは好奇心であり、「人と猿と仔犬が共有する情熱が、公開処刑を一目見ようと人々を木に登らせるのだ」。これはいくらなんでも言いがかりだろう。どうせなら、人は好奇心から嵐の海に出航するのだと言ったほうがよかった。先にも見たようにルクレティウスは冒険家というようなタイプが好きではない。しかしヴォルテールは、科学技術が嵐の航海を可能にすることを疑わず、そしてその技術の根源は好奇心だと考えていたのだろう。これに続いて「天使が天から降りて、地の裂け目を通して地獄で永劫の責め苦を受けている亡者を見て、自分の仕合せを喜ぶとしたら、その天使は悪魔とかわらない」というのは、もっともな意見に聞こえる。この標的は実はルクレティウスではなく、地獄の罪人の苦しみを眺めることも天国の喜びに数えられると言った神学者のほうにあったのだろうが。

ヴォルテールとは違って、人間による自然支配よりも人間の自然との関係を改めることのほうを重視したゲーテ(一七四九―一八三二)もまた、やはり難破船のトポスに言及している。ルクレティウスの最初のドイツ語韻文訳はカール・ルートヴィヒ・フォン・クネーベル(一七四四―一八三四)が一八二七年にようやく完成させるのだが、ゲーテは彼と親交があり、翻訳にも助言を与えた。一八〇七年ゲーテはクネーベル邸で、前年のイエーナの敗戦とフランス軍のワイマール侵入による受難について語ったのだが、ルクレティウスのこの句を引き合いに出したために、談論に加わっていた若い愛国的な歴史学者を失望させたのだった。

この二人だけでなく、ルクレティウスの難破船、また「部外者である観客」「出来事から距離を取ることのできる観客」のイメージの受容史をたどったブルーメンベルクの『難破船』にはもっと多数の例があるのだが、これ以上の深入りはやめよう。というのも、まず第一に、この着想とイメージはルクレティウスの独創ではない。第二に、この詩行はわれわれが修辞的カノンと呼ぶ先行文学の語法に即して組み立てられていて、それだけ切り離して読まれるようには書かれていないからである、もちろん読者がどう読もうと自由ではあるけれど。

陸地から船の難破を眺める

ギリシアの諺にも、われわれのいう「対岸の火事」にあたるものとして、「自分は危険を免れて、他人の不幸を眺める」という月並み文句(トポス)があった。たとえば、喜劇詩人アルキッポス。この人はギリシア最大の喜劇作家アリストパネスと同時代人で、作品は残っていない。ここに挙げるものも断片なので、どういうトーンで訳してよいのかはわからないが、「陸から海を眺めるのは何と愉しきことか、母上よ、何処を航海しているのでもないときは」(「断片」四三)という句があったことが知られている。
またこれ以前に、悲劇詩人ソポクレスにも同工異曲の句がある。

おお、これにまさる喜びがえられようか／陸地にたどりつき、それから屋根の下で／心やすらかに、降りしきる雨の音を聞くよりも。

（ソポクレス「断片」六三六）

アルキッポスはこの本歌取りで、海の破船を眺めるという情景をあらたに加えたのだろう。ところが、それから四百年後のこと、「前々から政治には嫌気がさしていたのだが」とキケロは親友のアッティクスに宛てた手紙で、今般「舵を奪われ、船から脱出を強いられたので、陸地から連中の難破を眺めたい、君の愛するソポクレスが屋根の下で……と言っているように」と、その情景をソポクレスからごく自然に引き出している（『アッティクス宛書簡集』I、二七・四）。ルクレティウスの影響があったのだろうか。この書簡が書かれたのが前五九年であることをみれば、それはほとんどありえない。とすると、ルクレティウスの冒頭二行に独創を認めるのは難しいだろう。
さらにまた、「愉しきかな、大海に」はこれで終わるのではない。

また愉しきかな、大会戦が平原に繰り広げられるとき、毫も身に危険を覚えずに、これを観戦することも。

（二・五―六）

「愉しきかな……は。また愉しきかな……も」と並べた後に、「だがそれらよりも一層……」「何よりも愉しきは……」で閉じられ、並列から強調に転じる語法になっている。こういう用法もまたホメロスの『オデュッセイア』第六歌など、いくつか典拠があるが、エウリピデスの悲劇『バッカイ（バッコスの信女）』に代表させることにしよう。

大海の嵐を逃れ、／港にたどりついた者は　なるほど幸いであるし、また／困難を克服した者も　幸いである。／……（中略）……／しかし私が　これこそ神のように幸せな者、と言えるのは、それは／その日その日の生活が　幸いである者である。

（逸身喜一郎訳『バッカイ』九〇二―九一一、傍点は引用者、岩波文庫、二〇一三年）

列挙の最後で、とくに私的な見解が披瀝される形式は、サッポーの抒情詩にもある。ちなみに、サッポーの枚挙している例は、ルクレティウスの二番目の情景の材料にもなっている。

ある人は言う、騎馬軍団こそは黒い大地の上で最も美しいと。／またある人は歩兵の居並ぶ隊列が、ある人は艦隊がと。／けれど私が一番美しいと思うのは私の恋する人だ。

（サッポー「断片」一六）

ルクレティウスの場合もまた強調的主題は三番目に置かれていて、そしてその着地点はエピクロスの快楽哲学なのである。「肉体の声——それは餓えと渇きと凍えを一掃せよということだけだ」（『ヴァチカン箴言集』三三）と「われわれの行なう選択と忌避はすべて、身体の健康と魂の不安解消に帰着される。それこそは至福なる生の目標である。……これが達成されたならば、魂の嵐はすべて終熄する」（『メノイケウス宛書簡』一二八）。次の三行は、これをあわせ要約したものである。

人の本性が犬のように吠え求めているのは、ただ苦痛が身体より除かれ、心が気遣いと恐れから解き放たれ、喜びの感情で満たされることだけである。

（二・一七―一九）

エピクロスを讃える

ここでは「嵐が波を騒がす大海」とは、われわれの魂の混乱した惨状をいう。第五巻の序歌でルクレティウスは、この嵐からの解放者としてエピクロスを讃えている。

かの人こそは、その知恵によって、生を
かくも烈しい荒波、かくも暗い闇から、
かくも穏やかな凪、かくも明るい光の下に置いた。
（五・一〇―一二）

ルクレティウスの「愉しや」の修辞は、むしろサッポーに近いのだろうか。たとえば「世にいうように、嵐の大海に苦しむ他人の姿を眺めるのは愉しい。また同じように、高い丘の上から平原の戦を眺めるのも愉しい。だが私にとって一番愉しいのは、エピクロスの教えを嵐の避難所、堅固な砦として下界を眺めることだ」というように。ルクレティウスの詩句に戻って、その砦から何が展望されるのか見ることにしよう。

だが何にもまして醇白な愉楽は、賢者の教えを
不落の砦として、晴朗の仙境に身を置き、
はるかに下界を眺望すること。そこかしこ人は
あてもなく漂い、生きる道を求めて踏み迷う、
あるいは才を競い、あるいは高きを争い、
夜も昼も、甚だしい苦役はやむことなく、

富の頂きに登り、権力をわがものにせんとする。

(二・七―一三)

「はるかに下界を眺望すること。そこかしこ人は」の行は、逐語訳すれば「〔愉楽とは〕見下すこと(de-spicere)であり、そこから(unde)君は見ることができる(queas videre)、他の人々が(alios)至るところで(passim)……を」である。並列から主題呈示に至ったのち、「そこから、その場所から」で接続し、主題を変奏する。このような技法は抒情詩人ピンダロスが得意としているが、これも名高い『オリュンピア第一歌』を挙げるだけにとどめておこう。

> 至上のものは水。また黄金は、夜陰に燃える火のごとく、／誇らかな富の中で際立った輝きを放つ。／だが競技のことを歌おうと／思うのなら、わが心よ、／……〔中略〕……／……オリュンピアほどに優れた競技祭があるとも、われらは言ってはならぬ。／そこから……。
>
> (内田次信訳『オリュンピア第一歌』一―八、傍点は引用者、ピンダロス『祝勝歌集／断片選』京都大学学術出版会、二〇〇一年)

次に、「夜も昼も」の行には、ヘシオドスの「今の世はすなわち鉄の種族の代なのじゃ。／昼も夜も労役と苦悩に苛まれ、その熄む時はないであろう……」(松平千秋訳『仕事と日』一七六―一七七、岩波文庫、一九八六年）が鈍く重く反響して、詠歎が続く。

哀れなるかな人の心、盲いたる胸中の思い。
生の何という闇の中、どれほどの危険の内に、
この短い歳月は滅び去って行くことか。

（二・一四―一六）

ここでの詠歎表現にもまた、先行する修辞的カノンがはたらいている。まずエンペドクレスの「おお、ぽぽい、惨めな死すべき者ども、祝福なき者どもよ、／かかる争いから、かかる嘆きから生まれて来たとは」（「断片」一二四）。さらに遡って、『オデュッセイア』第一歌（三二―三四）の「おお、ぽぽい、人間どもが神々に罪を着せるとは！　禍いはわれらによるのだと申しておるが、彼らこそ、おのが非道によって苦難をまねいているのだ」をその先例として挙げることができる。下界は、プルーストの社交人がするように「ぶしつけな好奇心、残酷さ」をもって眺められてはいない。だから、主題の「至高の愉楽」とこれを変奏した「そこかしこ人はあてもなく漂い」以下の詠歎的憤激との間には軋みが生じている。

原子の漂流のイメージ

あらためて「愉しきかな、大海に」に戻ろう。そもそもエピクロスの快楽哲学の導入のために書かれた詩行が独り歩きしてしまったのはなぜだろうか。序歌の冒頭詩行であるから、ルクレティウス－エピクロス的主題を代表する換喩として引用されることはありうるだろう。だが、「愉しきかな、大海に」の考想がむしろ月並みなものであることは先にみたとおりである。また主題を凝縮するメタファーとして受け取るならば、「愉しい」はむしろ反語に転じてしまうかもしれない。

しかし嵐の海を眺めるのは、いちはやくホラティウスが『書簡詩』第一巻（一一・九－一〇）で模倣しているように、文句なしに愉しいのではないか。

〔私の望みは〕友を忘れ、友からも忘れ去られて／海神（ネプトゥヌス）の荒れ狂うのを、遠く陸地から眺めること（procul *e terra spectare*）。

ルクレティウスの「愉しきかな、大海に」が人々の記憶に刻まれたのは、なによりもその叙景がもつ固有の力によるといってよいだろう。試みに、一六世紀にこれを模倣したロンサール（一五二四－八五）の詩と並べてみよう。

浜辺から（du bord）遠く離れた海に沈みゆく船を／港から（du port）見る人が／喜びを（d'aise）おぼえるのは／悪意のこもった（mavaise）波が／船を破壊するからではなく、彼が船に迫っている危険から遠く離れているからだ。それと同様に……。

（「哲学讃歌」）

ロンサールの表現が音の響きに境界づけられて箱庭的なイメージを描き出しているのに対して、ルクレティウスの叙景は大づかみに、海と陸と空を包容するコスミックな全体風景を呈示している。それはけっして、ルクレティウスが細部にまで眼のとどいた描写が不得手だったからではない。別の箇所を引用しよう。

あたかも、船団の難破が起きたとき、
大海は、漕座の破片、竜骨、
帆桁、舳先、帆柱、漂う櫂を撒きちらし、
大地の岸辺に、飾りたてられた艫が漂着するように。

（二・五五二—五五五）

これは実景描写ではなく、極微の世界における四散する原子の漂流のイメージであり、そこでは不断に運動する原子が波に翻弄される小舟に、広大無辺の宇宙が大海になぞらえられている。原子は形によって種分けされ、そしてその形の種類には限りがあるが、それぞれの原子類に属する原子の個数は無限である。それを証明するためにルクレティウスは相当に奇妙な論理を展開しているが、委細は省略しよう。「嵐の難破」のイメージに執着があったからとしか考えられないからである。

叙事詩の正統な流れを汲む詩人

「嵐の海」はまた、癲癇の発作にも重ねられている。突然、電撃に打たれたように倒れ、口から泡を吹く。うめき、身体を震わし、腱を一杯に張りのばし、身をよじって喘ぐ。

疑いもなくこれは、病気の力によって四肢のここかしこで
引き裂かれた魂が騒擾状態に陥るからだ、塩辛い海で、
風の強大な力によって波が奔騰するように。

(三・四九二―四九四)

さらに、「某女に、その最初の子の誕生に際して」と題する詩でウィリアム・ワーズワース(一七七〇―一八五〇)が模倣した有名な箇所がある。世界は別して人間のためにつくられたのではない、人間の脅威となる猛獣、季節が運び来る病い、突然の死がある。

むごい波に投げだされた船乗りのように、

裸で幼子は大地によこたわる、言葉もなく、
あらゆる命の支えをなくした状態で、母の胎から
陣痛とともに、光の岸辺へと自然が送りだすとき。
あたりを悲しい泣き声でみたす、むべなるかな、
かくも大きな不幸を乗りこえていかねばならないのだから。

（五・二二二―二二七）

このように嵐のイメージはルクレティウスにとって重層的なひろがりをもたされているだけではない。何よりもそれは、世界の実相をかたどる根源表象なのである。

風の力がたかぶると、鞭をふりあげて、海をたたき
巨大な船体を覆し、雲を四方に吹きとばす。
ときには竜巻となって平原を駆けめぐり、
大木を一面に撒き散らす。
山の頂には森を粉微塵にした突風を送って
これに揺さぶりをかける。
凄まじい咆哮を挙げて猛り狂い、

恐ろしい轟きをたてて荒れすさむ。

（一・二七一―二七六）

海と大地を席巻し、大空の雲を一掃し、また突如として竜巻に巻き上げる風の「眼に見えない身体」のはたらきは、不可視の原子運動のアナロジーであり、さらに水のイメージが重ねられる。

さながら、その柔らかな本性にもかかわらず水が
大雨により河に氾濫するときのよう。
高い山々から迸り落ちて
森を粉砕し、木を残らず薙ぎ倒す。
突如迫りくる水の力には、頑丈な橋も
耐えることができない。大雨に
逆巻く奔流はおそろしい勢いで橋脚に突入する。
轟音を発して破壊の手をひろげ、波の下に
巨大な岩を転がし、流れに逆らういっさいを打ち倒す。

（一・二八〇―二八九）

この叙景の引喩としては、『イリアス』第五歌(八八以下)の「冬のあらしに、流れも速く、土手や堤を押し崩してゆく……」や第十一歌(四九二以下)の「さながら、河水がみなぎりわたって、平地へと溢れ落ちるよう……」(呉茂一訳『イーリアス』上、平凡社ライブラリー、二〇〇三年)などの箇所がよく挙げられている。しかし同じホメロスの例をとるならば、こういった単独の戦士の猛進を描いた比喩よりも、破滅に向かって進む大軍の一大交響曲のほうがルクレティウスに近いだろう。事物の巨大な渦の不可避的進行とその圧倒的な荘厳さ、そこにこそ叙事詩『イリアス』の真髄がある。その意味ではまさしく、文学史的常識を裏切るものであるが、ルクレティウスは叙事詩の正統な流れを汲む詩人だということができるだろう。

未踏の仙境

詩人の栄誉

超俗の境地を説きながら、しかしルクレティウスは詩人の栄誉への欲望には抗しきれなかった。

どれほどこれが晦渋な主題であるか、
私が失念しているわけではない。しかし、
栄誉への大望が、わが詩魂を聖杖《テュルソス》で鋭く搏ち

またムゥサの女神たちへの甘き愛もて、
わが胸をつらぬき、鼓舞された心は弾む。

（一・九二二―九二五）

彼はエピクロス哲学をラテンの韻律に移植することに心血を注ぐと同時に、詩芸の前人未踏の道を行くことに高らかな誇りを抱き、同じ詩行を二回にわたって繰り返し、喜びを吐露している。その自負は正当なものであり、以後この領域でルクレティウスに比肩する者はいない。

わが旅するは僻遠の、人跡未踏のムゥサの仙境。
いまだ人の唇の触れざる泉に近づき、
これに汲むことは愉し。また未知の花を摘み、
ここにて、いまだ何人の額にもムゥサたちの冠せざる
誉れ高き花冠を、わが頭に求むるは愉しきこと。

（一・九二六―九三〇＝四・一―五）

「人跡未踏」といえば、ただちにパルメニデスの「人間の踏み歩く道の届かぬところ」（「断片」一）が思い浮かぶが、しかし「創始者の誇り、独創性の誇示」というテーマは、ルクレティウスよりおよそ

三百年前、エピクロスの最晩年にあたるが、その頃プトレマイオス王朝の都アレクサンドリアを中心に活動した詩人たちのものでもあった。

学匠詩人カリマコス

その一人に、アレクサンドリア図書館の蔵書目録を作成したことでも知られる学匠詩人カリマコスがいる。彼の『縁起小譚集(アイティア)』は、今はそのパピルス写本断片しか残されていないが、一部復元されたテクストに「未踏の道」のモチーフを見ることができる。カリマコスが書板を膝にのせ詩句を刻もうとしたとき、アポロン神がこのような命令を下した。

> われ汝に命ず、車の往来なき道を踏み行け、／余人の轍の上に汝の二輪馬車を駆ることなかれ、／広き道を行くな、よし狭き道を駆け抜けることになろうとも／未踏の小道を進め。
>
> (カリマコス『縁起小譚集』一・二五―三〇)

「私は神に従おう」と詩人は決意する、「澄みわたるセミの声を愛好し、ロバの嘶きを忌み嫌う人々の間で歌おう」と。これは『縁起小譚集』第一巻のプロローグにあたる部分で、カリマコスが「小鬼ども(telchines)」という蔑称で呼んだ詩人たちが、おまえは長大な詩によって王や英雄の功業を連ねて讃えるすべを知らないと非難したのに対する一連の反駁の続きである。同工の発想をカリマコスの断片から拾うと、「詩はその技巧によって判定せよ、知恵はその長さで測るな。鳴り響く歌を私に求めるな。雷鳴の轟きはゼウスの働きであり、わがことにあらず」(『縁起小譚集』一・一九―二二)、またカリマコスに帰せられる有名な「大いなる書物は大いなる禍に等し」(「断片」四六五)の警句がある。同じ論争的文脈の中でカリマコスの『アポロン讃歌』の結びの部分(一〇八―一一三)は、泥の大河を清冽な泉に対比している。滔々と大海に流れ入るエウフラテス河は同時に大量の泥と塵芥も運ぶ。
しかし、デメテルの巫女メリッサたち(詩人のメタファーである「蜜蜂」の意味もある)は女神のために、どこからでも水を汲むものではなく、聖なる泉から少量の清浄な水を汲む。この残響はルクレティウスの「いまだ人の触れざる泉」に明らかだが、ほかにも第三巻のエピクロス讃歌に痕跡をとどめている。

あなたは父にして、事物の真理の発見者であり、
われらを導く遺訓を与えた方。あなたの書物から、
誉れ高き人よ、森の花咲く径で蜜蜂が蜜を吸いつくすように、
われらもまた、黄金の言葉をあまさず堪能する、
まことに不死ともいうべき黄金の言葉を。

(三・九―一三)

「蜜蜂」の修辞的カノンは、カリマコスよりもさらに古い。「詩人たちは言う、われらは蜜蜂のように、ムゥサの園や谷を飛び交って、その蜜の泉から旋律を摘みとり、人々のもとに運んで来るのだ、と」(プラトン『イオン』534A–B)。

ルクレティウスの誇り

カリマコスの「未踏の小道」が各地の祭儀や慣習について軽妙洒脱な表現でその縁起を語ることであり、「少量の清浄な水を汲む」ことであったのに対し、ルクレティウスは、むろんカリマコスの斥けた長大な武勲詩、戦いと英雄のテーマに戻るということではないが、むしろ大きな事柄を主題にしたことを誇っている(それが実は「微小世界の」というところにひねりがあるかもしれない)。

何よりも私は、大いなることについて教え、かくして
宗教の固い繫縛から精神を解放する道を進むもの。

(一・九三一―九三二)

しかし、事物の本性を解明し、それによって同時に迷信宗教を打破し、死の怖れ、死後の劫罰の恐怖を取り除くという企ては、すでにエピクロスに先蹤があることで、その点ではルクレティウスの競合的主題ではないし、またエピクロスは競合相手にはなりえない。

おお、ギリシアの誉れよ、私はそのあなたの後を追い、
あなたが刻した足跡をしっかりと踏みしめて進もう、
競わんがためではなく、ひとえに愛ゆえに
真似たいと願うからだ。なぜならどうして、燕が
白鳥の向こうを張ろうとするものか。競走路で、
関節の震える仔山羊の脚が、精悍な馬の力に匹敵できようか。

（三・三―八）

それゆえ、ルクレティウスが「人跡未踏」の領域で「栄冠」をかちえようとするのは題材もさることながら、あくまで詩業の達成としてである。

次いでまた私は、暗闇に閉ざされた事物について、かくも明らかな
歌を繰り広げ、くまなくムゥサの魅惑で覆いつくすもの。

（一・九三三―九三四）

誰かライバルと目される詩人がいたのだろうか。「ムゥサの仙境」のモチーフは、ヘリコーン山麓

で羊飼いの仕事をしていた若者(ヘシオドス)に、詩の女神ムゥサたちが麗しい歌を教えたという『神統記』に発していて、カリマコスもこの伝統を踏襲している。『縁起小譚集』は、ムゥサの教えた縁起譚を、詩人が記憶から呼び戻すという形式で書かれているのだが、プロローグの今は失われた部分には夢の設定があった。フィレンツェ古注の伝えるところでは、「夢で髭の生え初めた若者にかえり、ヘリコーンのムゥサたちと立ち交じり、縁起の説明を聞いた」となっている。詩人は眠りに落ち、夢の中でヘリコーン山に運ばれてムゥサたちと出会う。

ルクレティウスの挑む相手

ルクレティウスのライバルとして最初に思い浮かぶ詩人は、エンニウスかもしれない。カリマコスの最晩年か、あるいはすでにその没後になっていたかもしれない紀元前二三九年、イタリア半島の南端カラブリア地方(ここは、なかばギリシア語圏であった)にエンニウスは生まれた。彼はトロイア伝説にさかのぼってローマの歴史をたどり、偉人英雄の事蹟を歌った『年代記』全一八巻(断片のみ現存)により最初のラテン叙事詩人となるが、この反カリマコス的な詩の序歌はカリマコスの夢の場面を模倣したもので、エンニウスが夢の中でホメロスと出会うという設定になっていた。ルクレティウスはこの場面を、彼にしてみれば対抗主題である――ルクレティウスは第三巻で、魂が身体とともに死滅することを証明している――「死後の魂の運命」の中に呼び出している。「魂は暗い冥府と荒涼たる深淵を訪れるものなのか、それともわれらがエンニウスが歌いし如く、神慮により他の動物に転生するのか」。

彼こそは蠱惑のヘリコーン〔山麓〕より初めて常緑の葉の冠を
もち帰り、あまねくイタリアの民の間に知られた人、
されど、アケロンなる場所〔冥府〕のあることを、
その不朽の詩行に解き明かした。
そこにとどまるのは、われらの魂でも身体でもなく
ただ摩可不思議なしかたで象られた蒼白の影、
そこより現われ出た不滅のホメロスの影は
まず塩辛い涙を流し
しこうして事物の本性を説き明かしたと。

（一・一一六―一二六）

「ムゥサの仙境」や「詩人の栄冠」という線を追っていけば、エンニウスがその標的であることは見紛いようもないが、わざとのように「事物の本性」の句を置くことで、ルクレティウスはエンニウスを通してホメロスに挑戦しているようにみえる。実際、第三巻の終幕近くですでに世を去った偉大な先人が回顧され、「ヘリコーンの乙女たちの従者たち」に言及されたときも、「その唯一の王たるホ

メロス」のほかに名は挙げられていない。また、先にルクレティウスがみずからの詩の源泉としたエピクロスの不滅の「黄金の言葉」に続く箇所は、第一巻の「エピクロス讃歌」を四行に要約したものとみなしてよいが、今引用した「ホメロス―エンニウス」場面と並べてみれば、これと対比される「エピクロス―ルクレティウス」の系列が浮上するだろう。

あなたの理説が神的な知性より発して、
声高らかに事物の本性を明らかにするや、
精神の恐怖は逃げ去り、世界の壁は裂開する。
私は見る、全空虚中に事象が繰り広げられるさまを。

（三・一四―一七）

このとき原子論的宇宙像によって詩人の眼前に現われる光景は、神々の本性を開示する。

すると、神々の威光と静かな住まいが現われるのだ。
そこは風が揺るがすこともなく、
黒雲が豪雨を撒き散らすこともなく、
苛烈な霜とともに生まれた雪が白く降り落ちて

侵すこともなく、つねに雲なきアイテール〔天空〕が頭上を覆い、
惜しみなく光を四方に注ぎ、微笑む。
さらには自然がすべてを補給し、いかなるものも、
いかなる時も、精神の平和を損なうことがない。
(三・一八―二四)

これは『オデュッセイア』第六歌(四二―四六)の「このオリュンポスは風にも揺《ゆす》られず雨にも濡れず、雪も積もることなく雲一つない高天が拡がり、眩い白光が四辺を照らす」(松平千秋訳、岩波文庫(上)、一九九四年)の書き換えで、ホメロスの神々が人界との間を往還する「神々の座」は、ルクレティウスによって、場所というよりはむしろ神々そのものの存在形態に、「われわれの世界から遠く離れたはるか彼方で、不死の生を至高の平安とともに享受する」生の理想に転換されている。以上の競合の文脈から眺めると、これはルクレティウスの力業を集約するものになるだろう。

エンペドクレスの痕跡

敬虔とは何か

競合のテーマを構成するものは、まだ他に戦車競技の比喩がある。

白く描かれた終着線に至る走路の
その道筋をまずは示し給え。慧きムゥサの女神
カリオペー、人の安らぎにして神々の悦びよ、
貴方を導き手として、誉れも著《しる》き栄冠をかちえよう。

（六・九二―九五）

この詩行には、これまでのように修辞的カノンに照らして眺めると不審な点がいくつかある。まず、馬車を駆る女神たちが詩人の案内役として登場する例は、パルメニデスの「わが身を乗せた馬車を引き、乙女ら馬を御して道を先導する」（「断片」一）がよく知られているが、エンペドクレスにも馬車を駆る「腕白き乙女の神、博識のムゥサ」への祈りがある。しかし、いずれも競合のテーマの中で語られてはいない。それどころかエンペドクレスにあってはむしろ、栄冠のモチーフが否定されているようにみえる。

死すべき者の間より輝かしい栄誉の花を／摘み取るよう強いることなかれ。敬虔の女神（エウセビエー）が許す域を越えて語り、／かくてはじめて知恵の高みに座を占めるがごとき厚顔不遜にようらしむることなかれ。

（エンペドクレス「断片」三）

またムゥサの女神カリオペー（ギリシア語ではカリオペイア）への呼びかけは、同じくエンペドクレスに先例があるのだが、そこでも主題は勝利の栄冠などではなく、神々の本性についてすぐれたよき話を語ることである。これは敬虔に語ることと言い換えてよいだろう。

願わくばわが祈りにこたえて、カリオペイアよ、ここに今ふたたび現われ来り／至福の神々について、すぐれた話を語り示すのを助けたまえ。

（エンペドクレス「断片」一三一）

しかし、ルクレティウスのカリオペーへの祈りが構成する競合のテーマは、より大きな全体に目を配ると、敬虔(pietas)のテーマの中に置かれていて、敬虔とは何か、神々の本性とは何かの理解を競うものであることに気づかれるだろう。『事物の本性について』全巻の最終地点にさしかかり、ルクレティウスは残されたテーマを遠望する。敬虔とは人々が考えるように神々に帰依してつつしみ仕えることではなく、ゆるぎない心をもって神々の本性と万事を眺めうることである。神々は人間世界から完全に絶縁した憂いなき生をおくっていると考える人こそが敬虔な人なのだが、しかしそのような人でも天変地異に驚愕して、古い迷信宗教に連れ戻されるかもしれない。そのとき彼は神々を暴虐な支配者につくりあげ、神々の聖性をおとしめるだろう。それは「精神の平和な静謐」の中で神々を思うことを不可能にするだろう。それゆえに、語らなければならぬ多くのことがまだ残されている。

天空のまことの姿と理が知られねばならない。
烈しい暴風と白く閃く雷電を歌わねばならない、
それらは何をなし、いかなる原因で生じるのかを。

（六・八二―八四）

敬虔が勝利の栄冠を獲得する「終着線」は、どこに引かれているのか。素朴に考えれば全巻のフィナーレがそれを示していることになるが、別にもう一つ、エピクロスがそこに至る最短の道を示した最高善にも「終着線」の意味がこめられているだろう。

その人は真実を語る言葉で、胸を浄化し、
欲望と怖れに限界を打ち建て、
人みなの目指す最高善がいかなるものかを開陳し、
また道を示した、狭いその通路を辿って、
その目標へまっすぐに進むことのできる道を。

（六・二四―二八）

この「最高善」とは精神の静謐と平和による悦びを指すものであり、神々の本性についての敬虔な思いと一致する。一方、全巻のフィナーレはアテナイを襲った疫病の凄惨な描写であり、一見したところ、敬虔のテーマとは何の関係もないようにみえる。「ほとんど骨と皮だけの、臭気を放つ膿と汚物の中にすでに埋葬されたも同然の」人群が広場や公道に溢れ出し、ついには神殿聖域も累々たる死屍で埋められる。しかしここで、神々の威光も羽毛のように軽くなり、宗教も断末魔を迎えるのである。

都では、かつては堅くまもられていた、理葬を執り行なう葬送の儀礼が消えうせた。混乱の極みにあって右往左往し、それぞれに肉親の亡骸を、嘆きつつも間に合わせに葬り、また不意の窮乏に襲われ、恐ろしい手段に走った――他家の野辺送りの薪の上に、近親の遺体を置いて、慟哭のうちに、火を点そうとしては争いとなり、流血の光景をみることが、屍体の遺棄よりも稀でなかった。

（六・一二七八―一二八六）

したがって、敬虔の勝利は暗示されるだけにとどまるが、敬虔と対立するところの宗教の自壊は明らかだろう。

エンペドクレスへの讃辞

競合する最大のライバルとして、ルクレティウスが念頭に置いていたのは誰か。この競合が真の敬虔をめぐるものであることを考えれば、そのライバルとして予想されるのは、世界を火・水・土・空気の四元により詩の形式で説明した哲学者エンペドクレスだろう。またエンペドクレスが最大の好敵手と目されている何よりの証拠は、ルクレティウスがほとんどエピクロスに匹敵するほどの讃辞を連ねていることである。エンペドクレスの紹介から始まって批判に転じる直前の三行からは、エピクロスについて言われた「あなたの理説が神的な知性より発して、声高らかに事物の本性を明らかにする」と同じ響きを聴くことができる（エピクロス派においては、知性の座は胸にあると考えられている）。

のみならず、その神々しい胸より声高らかな歌が
輝かしい発見を開陳するに至っては

ほとんど人の種族から生まれた者と思えない。

（一・七三一―七三三）

ルクレティウスは、エンペドクレスの四元説に原子論の立場から鋭い批判を浴びせる一方で、これに先立つ行では心からの鑽仰の言を抑えることができなかった。

シケリアの島〔シチリア〕がその三角の海岸線の奥に宿した人、
してその島を、イオニアの海は幾重にも湾曲をなして走り巡り、
灰緑色の波から塩のしぶきを撒き散らす。
狭い海峡でめまぐるしく動く海流が、イタリアの岸辺を
この島の海浜から分かっている。
ここに破滅にいざなうカリュブディス〔海峡で海水を吐き渦を作る怪物〕は渦を巻き、
かしこに鳴りとよむアイトナ〔エトナ山〕は脅しやまぬ、
炎の怒りをふたたび集め、その力が
火の塊をずたずたに裂き、喉から吐き出して、
今にも炎のいかずちを天に送らんかと。
そこは多くの驚異、景観、名産に富み、

力強き男達に堅固に守られた強大な地域であるが、
この人にもまして輝かしい名声をかちえた者、
名高く、神々しく、驚嘆すべく、崇敬すべき者を生み出さなかった。

（一・七一七―七三〇）

第六巻の巻頭を飾る最後の「エピクロス讃歌」をみると、都市国家アテナイは穀物、文明生活、法律などにより人間に多大の恩恵をもたらしたが、その最大の貢献はエピクロスを産んだことだとされている。アテナイの産んだ人類の恩人がエピクロスであるとするならば、エンペドクレスはシケリア島の産んだ至宝である。

ここにはさらに注釈家たちが指摘するように、エンペドクレスの四元論が叙景に隠れている。「三角の海岸線」は島の輪郭であるが、直訳すれば「陸地(土)の三角の境界」であり、また海(水)があり、エトナの火山(火)があり、天(空気と風)がある。これは火と空気と土と水を不死の神々に擬えたエンペドクレスの手法に由来している。

まずは聞け、万物の四つの根を。／輝けるゼウス、生命はぐくむヘラ、またアイドネウス。／そして死すべき者らのために涙で泉を潤すネスティス。〔アイドネウスは冥王ハデスの別名、ネスティスは水と同義〕

（エンペドクレス「断片」六）

四元を叙景に織り込む修辞法は、ルクレティウスの第一巻、というより全巻のプロローグをなす「ウェヌス讃歌」（一・一―四三）の天と海と大地、さらに日の光にみられる（一部自由訳をさせていただく）。

アエネアスの裔たちの生みの母、人と神々の悦び
アルマ・ウェヌスよ、天の滑りゆく星座のもと
ゆきかう船を戴く海に、実りをもたらす大地に
あまねくゆきわたれる女神よ。生きとし生けるものは、
貴方によって胎に宿り、生まれ出でて日の光にまみえる。
吹きすさぶ風が途絶え、垂れこめた暗雲もかき消えて、
女神よ、われらは知る、貴方が到来したのだと。すると
地表のここかしこに馥郁たる花々が咲き乱れ、海面は
婉然とさざめく。嵐は去って大空は明るく晴れわたる。

（一・一―九）

もちろん海と大空と大地だけでエンペドクレス的だというのでは、あまりに乱暴な話になるだろう。

三行目の「船を戴く(naviger＝navis＋gero)」「実りをもたらす(frugifer＝fruges＋fero)」のように、名詞と動詞をつなげて作る複合形容詞は、ホメロスの枕詞がその典型であるようなギリシア韻文の特徴の一つをなすものであるが、エンペドクレスはこれを踏襲しつつ新しい造語を試み、エンニウスやルクレティウスもラテン語で同じ工夫を凝らした。しかしわずか一行のうちにそれを畳みかける語法は、ルクレティウスの場合はここ以外にみられないのに対し、エンペドクレスには頻出する。一例だけ挙げると――「藪をなす植物も水に棲む魚たちも／山にひそむ獣らも、さらには翼で翔ける鳥たちも」(「断片」二〇)。またこの第三行はギリシア語のヘクサメトロスの韻律にすんなりと翻訳できる。ということは、逆にルクレティウスは、もしかするとエンペドクレスの句であったかもしれないそれをラテン詩に翻訳したのではないか、という推理も成り立つのである。

エピクロスとエンペドクレスをつなぐ

残念ながらエンペドクレスの序歌は現存しないので推測にとどまるのだが、ルクレティウスの「ウェヌス讃歌」はエンペドクレスの「アプロディテ讃歌」を模して書かれたのではないか、というなかなかに魅力的な説がある。ルクレティウスのエピクロス哲学との接触は、そのエピクロスへの熱狂的な傾倒をみると、劇的な回心をもたらすような衝撃だったことを思わせる。だとすると、それはあまり若い時期のことではないだろう。エピクロス以前にエンペドクレスに心酔していた時期のあったことは、かなり蓋然性の高いことのように思える。また冒頭第一行の「アエネアスの裔たちの生みの母」は、ウェヌス(アプロディテ)をアエネアスによるローマ建国神話(エンニウス的主題)に結びつけるものであることも考えあわせると、この時期にエンペドクレスを模範とし、またエンニウスに対抗して、ローマ建国以前にさかのぼる人類史とコスモグラフィア(宇宙誌)が構想されたのではないか。

いずれにしても「ウェヌス讃歌」には、エピクロスとエンペドクレスを縫い合わせた痕跡がいくつか認められる。自然の生成力・生殖力としてのウェヌスを「人と神々の悦び」と呼んでいるのは、エピクロス哲学の快楽原理の象徴に転用したものとみられるが、しかしエンペドクレスもまた、別に四元素の結合と分離について述べ、またその結合の力である「ピリアー(愛)」を「悦び」また「アプロディテ」と呼んでいる(「断片」一七)。「悦び」はエンペドクレスとエピクロスをつなぐ蝶番の役割をはたしていることになるだろう。またもう少し後のほうにいくと、そのような継ぎ目がもっとはっきりと露出している一節がある。

貴方は事物の本性の舵を取る唯一の者であり、
貴方なくして、光の神聖な岸辺に出現するものはなく、
また楽しきもの、愛しきものも何一つ生じないがゆえに、
切望する、わが詩業の道に同行せられんことを。

(一・二一―二四)

引用一行目はパルメニデスの「万物を舵取り動かす女神」(「断片」一二)に全巻のタイトル「事物の本性」が挿入されてできているが、この「本性(natura)」はしかし、続く行を読めば、「生成」ないしは「生誕」と訳さなければならないことが明らかだろう。そして「本性」に相当するギリシア語のピュシスを「生誕」の意味で用いるのはエンペドクレスに特有の語法である(「断片」八)。

ウェヌスへの祈り

さらにテクスト校訂者の間で物議をかもした問題のおおもとにも、この縫合の痕がある。ルクレティウスは女神ウェヌスに彼の詩業の同行者となるよう求めるだけでなく、ローマ世界に平和をもたらすよう祈る。

しばしの間、眠らせたまえ、すべての海と陸に
繰り広げられているこの戦争の狂暴な所業を。
ひとり貴方のほかに、静かな平和によって死すべき者を
喜ばす力はない、というのも荒れ狂う戦さの業を統べる
マウォルスは、永劫に癒されぬ愛の深傷に屈して、
幾たびとなく、貴方の膝に身を沈めているのだから。
滑らかな円筒状の首を軽くのけぞらせ、仰ぎつつ、

図 2——ボッティチェッリ「ウェヌスとマルス」(1483 年頃). ナショナル・ギャラリー蔵.

女神よ、貴方をみつめて飽くことのない眼を
憧れで養い、貴方の唇にすがって吐息をもらして。

(一・二九―三七)

マウォルスは戦さの神マルスの古名で、死(モルス)の響きがある。この場面は、二〇行以下の春の到来の描写と並ぶ「ウェヌス讃歌」の白眉といってよく、ボッティチェッリの絵「ウェヌスとマルス」にも描かれ(玉座に坐ったウェヌスの膝にすがるマルスといった図像にはなっていないが)、またバイロンの『チャイルド・ハロルドの巡礼』でも模倣されている。細部にわたる修辞の組立てからみて、またエンペドクレスの「愛」と「争い」は交替するものであって向かい合うことはないことからも、これはルクレティウスの独創であるだろうが、ただ平和の主題のもとになった詩想は、エンペドクレスの太古の黄金時代におけるキュプリス(アプロディテの別名)にある。

彼らには神として軍神アレスも「戦さの響き」もなく、/王者

ゼウスも、クロノスも、ポセイドンもなく、／ただ女王キュプリス〔愛の女神〕のみが彼らの神であった……

（エンペドクレス「断片」一二八）

女神への呼びかけや祈りは叙事詩の伝統的な様式であるから、ルクレティウスが女神に祈り求めても、大方の読者は、「エピクロスの神々は人間世界の出来事に無関心なのだから、人間の祈りをききとげはしないのではないか」というようなことに頭を悩ましたりはしないだろう。しかし、学者たちにそのような「神学的問題」を焚きつけたのは、意図したことではなかったとしても、ルクレティウス自身である。ローマに平和をもたらすこと、メンミウスのためにも政情不安を解消することを祈願した後、ルクレティウスは言葉を続ける。

というのも、およそ純粋たる神々の本性なるものは、
われわれの世界から離れ、はるか彼方にあって
不死の生を至高の平安とともに享受するもののほかにありえない。
なぜなら、いかなる苦痛も危険もなく、
みずからの力だけで円満充足していて、われわれを必要とせず、
宥められることも怒りに染まることもないのだから。

内容的にはエピクロスの『主要教説』の第一番と同じものだが、第三巻（六四六―六五二）にまったく同じ詩行があることから、何人かの校訂者は、これが写本伝承の過程で挿入転写されたものではないかと疑い、テクストからの削除を提案することになった。ウェヌスは人間の祈りを聴いたりはしない。おまえさんは別のところではこんなふうに言ってるではないか、と。誰か辛辣な筆写生が余白に書き込んだのが、いつしか本文に紛れこんだのではないか。（一・四四―四九）

しかしこれを削除すると、ウェヌスにその実現を祈った「静かな平和」がエピクロス的生の理想であることも、また神々の本質であることも見失われてしまうだろう。なぜウェヌスに平和をもたらすことを願うのか。そうでないとわれわれが理想とするエピクロス的生活が不可能だからだ（「祖国のかかる不穏な時勢にあっては、わたしが心平静に過ごすことも、メンミウスの輝ける裔が国家の安危から身を退くこともできないのだから」）。そしてその生の理想は神々の本性に合致する。エピクロスの神々の本性をもっともよく体現する神話形象は、エンペドクレスのアプロディテのほかにない。それがこの一続きの縫合を可能にしている。

第二章　ヴィクトリア朝の桂冠詩人

テニスンはポオも認めたその精妙な韻律を極めて穏健な思想と結び付けることが出来たので、思い切り詩人として名声を博し、ヴィクトリア女王の信任も厚くて桂冠詩人になり、叙爵されて死んだ。

（吉田健一『英国の文学』岩波文庫、一九九四年、二一二頁）

媚薬・発狂・自殺

聖ヒエロニュムス
――それじゃ、お約束の「媚薬を飲用して発狂し、自殺した」という話に移ってください。これはほんとうのことなのですか。

――「〔この年〕詩人ティトゥス・ルクレティウス生まれる。後年、媚薬の飲用がもとで発狂し、狂気の発作の合間に、のちにキケロが編集の手を入れた数巻の書を著し、四四歳のとき自殺した」というんですが、なにしろ、ルクレティウスの死後、四百年以上たってからヒエロニュムス(三四七頃―四二〇)によって書かれた記事ですからね。そうそう鵜呑みにはできない。この聖ヒエロニュムスという人を知ってますか。

――なにか絵で見たような気がするんですけど、宗教はちょっと苦手です。

――聖ヒエロニュムスは、英語読みだとセント・ジェローム(St. Jerome)。四世紀半ばから五世紀にかけて生きた博識無双のラテン教父で、ギリシア語とヘブライ語にも通じていて、ウルガータと呼ばれることになるラテン語訳聖書の翻訳者です。画題によく登場する。アントネッロ・ダ・メッシーナ(一四三〇頃―七九)の「書斎の聖ヒエロニュムス」とか。ほかに有名な話としては、エロティックな幻覚に悩まされながら砂漠で禁欲の苦行を四年間続けたとか、怪我したライオンが修道院に迷いこんできたのを治療してやったら、そのライオンがすっかりなついて番犬みたいになったとか。

――あ、そういえばデューラー(一四七一―一五二八)の版画にそんなのがありました。「この年」というのは何年のことなんですか。

――ヒエロニュムスの一世紀前に、最初に『教会史』を書いたエウセビオスという人がいました。同時代に同じ名前の司教がいて、それと区別するためにカイサリアの司教エウセビオスと呼ばれています。この人はギリシア語でたくさん著述したのですが、その一つに『年代記』というのがあります。

年代の数え方はイスラエルの祖アブラハムの生誕年が起点になっている。

——ヒエロニュムスの話ではなかったのですか。

——そのヒエロニュムスが、エウセビオスの『年代記』を注解して、アブラハム暦一九二三年(伝承写本によっては一九二四年)、すなわち紀元前九四年(九三年)の章に、はじめに引用した注解を書き込

図 3——アントネッロ・ダ・メッシーナ「書斎の聖ヒエロニュムス」(1470-74 年頃). ロンドン・ナショナルギャラリー蔵.

図 4——アルブレヒト・デューラー「書斎の聖ヒエロニュムス」(1514 年). 大英博物館蔵.

んだのです。

——媚薬を飲んで発狂するというようなことがあるんですか。なぜ媚薬を飲んだりしたのでしょう。

——性的快楽を高めようとしたんでしょうね。でも、そういう動機だとすると、エピクロスの基本教説に反してしまいます。性愛の欲望がもたらす不安の源は「限りなき快楽=飽くことのない欲望」の錯覚である。しかし、快楽には限界がある。というのがエピクロスの教えだったのですから。

——だから、この記事は疑わしいということですか。

——いや、それだけでなくて、エピクロス派を批判する人々は当時大勢いたのに、批判者のなかにはこうしたスキャンダルを取り上げている人が誰もいないのが変なのです。

——でも、発狂とか自殺とか、創作できるものでしょうか。

——一番ありそうな説を紹介しておきましょう。同時代に、文芸や美術の趣味も高く、また将軍としての能力にも長けていたルクルス(ルクッルスと表記するほうが正確なんですが、慣用にしたがいます)という人がいました。この人は、なによりも公職を引退後にローマ随一の贅沢三昧の生活をしたこと、とくに美食にまつわるエピソードで有名です。晩年、媚薬で痴呆化したということが伝えられているので、名前が似ているし略記すれば同じになるということから、この人と取り違えたのではないか。

——定説になっているのですか。

——その辺は微妙ですね。ヒエロニュムスの権威というのもありますし、またルクルスは呆けただけで自殺したとは言われてないですから。学者たちの意見では、ヒエロニュムスのラテン文学の知識はスエトニウスが種本で、このスエトニウスという人は、ローマの五賢帝のうちに数えられているトラヤヌスとハドリアヌスという二人の皇帝に仕えた歴史家です。紀元後の七〇年から一六〇年くらいまで生きた。彼の『名士伝』には、今は残ってませんが、多数の詩人たちの伝記が含まれていたというから、当然ルクレティウスについての記載もあったでしょう。聖ヒエロニュムスが書いているんだから、確かな根拠があるはずだ。しかし、そういうエピソードを記した当時の記録は現存していない。きっとスエトニウスあたりには書かれていたのだろう。と、まあそんなところでしょうか。

テニスンの詩のなかで

——推測にとどまるわけですね。スエトニウスはゴシップ好きなんですか。

——『ローマ皇帝伝』では第三代皇帝のカリグラ(精神に異常をきたしていた)について、「皇妃カエソニアによって媚薬を盛られ、これがために狂気に陥ったと信じられている」と書いているんですよ。

——おやおや。でも、ルクレティウスは媚薬を飲まされたのではなく、自分から飲んだという話でしたよね。

——あらためて読み返してみると、自分から飲んだとか他人から飲まされたとか、どっちだとも断定できない。一五世紀になって、ルクレティウスの『事物の本性について』が活版印刷されるのですが、読者はたいてい文献学者でもあるわけで、このテクストはこう校訂すべきだとか、いろいろ蔵書に書き込みをする。手書きの序文が書き込まれた一冊が発見されていて、そこに「性悪な女の毒薬のせいで発狂し、自殺した」とカリグラ・エピソードと似た記事が書かれています。

――毒薬イコール媚薬なんですか。

――うーん、男女関係の中で言われているからね。それに直訳すれば「有害な薬、毒をもった女」で、「妻(uxor)」でなく「女(femina)」となっているのは愛人という意味でしょう。

――そうなんですか(笑)。

――ルクレティウスの狂気と死を題材にした、アルフレッド・テニスン(一八〇九―九二)の「ルクレティウス」(一八六八年)という二八〇行に及ぶ作品があります。英語読みだと「ルークリーシャス」なんでしょうが、紛らわしいので「ルクレティウス」で通しましょう。この詩もその枠組を利用してます。ただしそこはさすがにヴィクトリア朝詩人だから、愛人ではなく妻になってます。妻が夫を熱愛するあまり、その愛情を疑い、愛を取り戻そうとして企てたことだ、と。

――面白いですね、続きを紹介してください。

――その前に、補足しておきましょう。

『ブリタニカ百科事典』の第四版(一八一〇年)には、「(ルクレティウスは)その学識と雄弁で大きな名声を得たが、壮年の盛りになって、彼を熱愛する妻が与えた媚薬がもとで、乱心に陥った。狂気の発作のあいまに、エピクロスの学説を詩に翻案し、今に残る『事物の本性について』全六巻を編んだ。

彼は紀元前五四年に狂気の発作で自殺したという」とあって、ヒエロニュムスの影響がまだ強く残っている。しかし、ルクレティウスについての記載が三倍に膨れあがった第七版(一八四二年)では、知見の増加にともない、詩人の狂気にまつわる奇怪な伝承には疑いの眼がかけられるようになりました。ところが、第九版(一八七九―八八年)に至ると反動が起こり、その物語(媚薬、狂気、自殺)を「敵対的かつ無批判な時代のまったくの作り話」だと端から斥けるわけにいかないと逆戻りしてます。

――テニスンの「ルクレティウス」は、この逆行現象と無関係ではないということですか。

――そう。テニスンの詩に登場するルクレティウスは「詩人L」と呼んで、『事物の本性について』の作者と区別することにしましょう(「ルクレティウス」の詩はL.と略記します)。詩人Lと結婚したルシリア(ラテン語読みだとルキリアですが)は、いつのまにか夫が冷たくなったのに気づく。夜明けに、野の散策から帰る人に駆けよってキスしても、うわの空でいる。彼はエピクロス哲学の論理の鎖をたどり、ラテンの詩の韻律に組み替える作業に没頭していて、ルシリアの姿が眼に入らない。ほかに愛人がいるのだと邪推し逆上した妻は、魔女を探し当て、愛情を取り戻す媚薬を手に入れ、ひそかに夫の飲み物に混ぜる(L.一一―一八)。

これこそ彼を破壊したもの。邪悪な汁液が/血液の浄化練成を濁らせ、/人間の脳の内の獣の脳を刺戟し/柔らかい脳細胞は荒れ狂って殺しあい、/彼の想像力を抑えこみ、彼は自己嫌悪にとらわれた。

(L. 一九―二三)

――詩が書けなくなるという設定が重要みたいですね。

――テニスン自身の不安が共振していると思わせる箇所の一つです。このあと、激しい豪雨と嵐の夜が明けて、詩人Lのモノローグが二四〇行あまり続く(L. 二六―二七三)。途中をとばして、いきなりそのモノローグの最後のほうの場面にいくことにしますが、詩作こそが実は唯一の喜びであって、そのほかの時は繰り返し倦怠におそわれたと告白している。エピクロスの清浄な生など偽りだった、と。

――エピクロスの生とはどういうものですか。

――詩人Lは神々のように何ひとつ気苦労なく、「淫欲、嫉妬、悪意、/野心、貪欲とも無縁で/プラタナスや松の木陰で隣人とともに/草の上に横になって食事するよりも大きな饗宴をしたことはなく/ただ友情のぬくもりのある杯を一飲みし」(L. 二〇九―二一五)、それだけで満ち足りていた、とあるのがそれです。これは第一章で紹介した「愉しきかな、大海に」の後に続く箇所からの翻案です。

――テニスンの詩はルクレティウスのもとの詩から材料を取った部分もあるのですね。

――かなりあります。淫欲がどうとかはないけど。人間の自然本性が求めるのは、身体の苦痛と心の気遣い・怖れだけであり、

それゆえ、身体のためには必要なものはごくわずかしかないことを
われわれは知っている。つまるところ、苦痛を消し去るものさえあれば、
これこそが多大の贅沢の享受にもなりうるのだ。

（二・二〇―二二）

理性の抑圧がはずれて

以下の豪邸の情景は、ホメロスの『オデュッセイア』第七歌（一〇〇―一〇三）のアルキノオスの館の「頑丈につくられた台の上には、黄金製の童子像が幾体か／据えてあり、手に火のついた松明をかざしている、／夜は室内で食事する人々のために部屋を照らすために」という描写を知らないと、少しわかりにくいかもしれない。

自然の本性それ自身は、それ以上に快を必要としない。
よしたとい館のかしこに、右手に燃える松明を掲げて
光を夜の饗宴に給する黄金の青年像はなくとも。
広間に白く発光する銀、照り輝く金はなくとも。
竪琴に響きあう黄金張りの天井はなくとも。
水のせせらぎの傍ら、枝繁る大樹の蔭で

柔らかい草の上に集って身を伸ばし、
大金を費やすこともなく、身体を愉しますとき、
とりわけ天候が穏やかに微笑み、季節が
緑の草原に花を咲き散らすときは。
また高熱を発したとき、刺繍を凝らした寝具と紅の衣に
包まれてうなされる貴人が、粗末な夜具を身にかけて
安眠する平民よりも、速やかに熱を下げるわけではない。

（二・二三一―三六）


――しかし実は、詩人Lにとっては日々の生が退屈で堪え難いものだったということにされているのですね。

――最後のクライマックスの場面で、詩人Lはこれまでの清浄なエピクロス的生を回顧し、すべてが汚辱にまみれてしまったことを悟る。

――汚辱って何がですか。

――エロティックな幻覚の奔流が押し寄せる。

――でも、それは薬物効果でしたよね。どうして、それが真実だということになるのでしょうか。

――唯物論だと真実にならざるをえない。幻覚も物体から剝がれ落ちる原子の皮膜からできている

ので、ただの幻ではすまない。そういう唯物論的真理への恐怖というのが一つありますね。でも一般読者に訴える力としては、隠されていたものだからというのが大きいのではないか。理性の抑圧してきたものが、理性の力が弱まると表面化する。フロイト流の精神分析をもちださなくても、酒に酔ったときに本心があらわれると言いますしね。『事物の本性について』にも、そういう言い伝えが述べられています。

多くの人が睡眠中に、重大な秘密を口走り
それが彼らの罪の動かぬ証拠となったという。

（四・一〇一八―一〇一九）

——これは、隠していたということが前提としてなければならないから、詩人Lに当てはめるためには、ほんとうはエロスを禁圧していたという設定が必要ですね。
——妻に冷淡になったというだけでは不十分かな。
——わたしにきかれても困ります。
——嵐が去った後、晴朗な大気のもと山並みがくっきりと聳え、平安が訪れるという場面が挿入されます。ここは一呼吸入れて、次に場面転換の効果によって破局のイメージを強めている。森蔭から裸のニンフが半人半獣のサチュロスに追われて、詩人Lに向かって走ってくる。恐怖と吐気に襲われ、醜悪なサチュロスに思わず「彼女を捕まえろ、山羊の足」（L．二〇三）と叫ぶが、同時にこの性戯の抹消と窃視との欲望に引き裂かれる。

いまや明らかに、眼に見えない怪物が背後に潜んでいて／大きな淫らな両手で私の意志を鷲づかみにし／力ずくでおのれの側に引き寄せ／私の生の至福を奪い去ってしまう。

（L．二一九―二二二）

――この半獣人間というイメージと「眼に見えない怪物」は何をあらわしているのですか。

――半獣人間もしくは半獣神は、ギリシア・ローマ世界では生殖力の象徴なのですが、キリスト教世界では悪魔のイメージになります。悪魔というのは淫欲と傲慢が複合されたもので、神に対抗するパワーだと思ってください。獣欲ともいわれるんですよ。テニスンの詩人Lは、唯一の喜びであった詩を綴る力が奪われた今、私はただの獣欲の棲みかにすぎぬと述懐する。これはキリスト教徒からすると悪魔にのりうつられてしまったということでしょう。

絶望した背教者

いかなる男／いかなるローマ人が／この怪物の凱旋式に引き廻される捕虜となることを望むか。／私は望まない、彼女と同じ名をもつ者はそれを望まない。

（L. 二三三―二三五）

――彼女と同じ名というのは何ですか。

――ルクレティウスのこと。その女性名はルクレティアになります。詩人Lは、古代ローマの伝説上の貞婦ルクレティアに言及して、自身の最期を示唆します。王子タルクィニウスに犯され、心ならずも姦婦となったルクレティアは夫と父に使いを出して事実を告白し、剣で心臓を突いて自害する。これがきっかけで王政が転覆したという、共和政ローマの建国伝説がありました。ルクレティアは英語読みだとルークリースになります。

――ルークリースといえば、シェイクスピアの『十二夜』で、オリヴィア姫の愛用している封印は、たしかルークリースが短剣を胸に当てているという図柄でしたね。

――シェイクスピアには『ルークリース凌辱』という長詩もありますよ。美しいポルノグラフィみたいなものですが。話を戻すと、詩人Lはルクレティアの自害にならって短剣を脇腹に突き刺す。

――ユダヤ・キリスト教だと生命は神からの賜物で、自殺は神に対する最大の叛逆になるというのを、何かで読んだ記憶がありますが。

――たしかに新約聖書では一人しか自殺者がいなくて、それはユダですからね。ユダヤ教だとそのへんはよくわからない。ヘブライ語聖書では何人か自殺というより自決した者はいますが、とくに神の怒りをかってはいない。しかし「ヨブ記」では絶望による自殺は神を呪うことと等価で、禁じ手になっています。

——獣ではなく人間であることを証明するためならば、かろうじて自殺が肯定されるとテニスンは考えたんでしょうか。神なき人間に残されているのは自殺しかないとか。

——神、人間、獣という三分法から神が消えると、獣と人間だけが残され、獣にはできない自殺だけが人間の証になったらしい。しかしそれだけでなく、非政治的であるべきエピクロス派の詩人Lを共和政ローマの建国伝説のルクレティアの自死に重ね合わせ、いわばローマ共和国の理想に殉じさせることで、政治に関与しエピクロス哲学に背いた裏切り者として終わらせようとしたのでしょうね。

——キリスト教におけるユダとイメージが重なりますね。

——絶望した背教者という役割でしょうね。最後の場面(L. 二七四–二八〇)は、凶事を察したルシリアが、悲鳴をあげながら駆けつける。「すべては終わった、さらば」という詩人Lの台詞で、この詩は終わります。

「テニスンのこの詩は、長短いかなる散文による博識な注釈よりも、ルクレティウスの精神と詩における壮大な崩壊の意味を伝えている」(A・ラング)と、評価されているのですが。

——ご不満みたいですね。

——ルクレティウスが言ってもいない支離滅裂な思考を狂人の錯乱という設定で表現しているのは、感心できない。

内乱の騒擾で、群衆が入口に殺到し、門番を押えつけ／ぼろ衣をまとった暴徒、最低の人間どもが／その国の最上の人々が坐すところの議堂に侵入するように。／この恐怖を、もう二度と私は振り払うことができないのか。

（L.一六八―一七三）

獣／人間、群衆／統治者、肉欲／理性の対立図式のもと、詩人は獣的・群衆的肉欲に支配される。これはいかにもヴィクトリア朝時代の中産階級の発想で、ルクレティウスからすると、元老院はそんな立派な「その国の最上の人々が坐すところ」ではありません。内乱時代ということもありますけどね。

同胞市民の血をあがなって財を膨らまし、貪婪に富を累加する。
殺戮に殺戮を積み重ね、兄弟の悲しい葬儀に冷酷な歓びをおぼえ、
同族の者がもてなす宴席を怖れ、忌み嫌う。

（三・七〇―七三）

――どうして宴席を怖れたりするんですか。
――料理に毒が入っていないかと怖れる、ということです。

せんね。

——テニスンに戻りますが、気の狂った人の思考というだけでは、共感できるような展開になりま
——だから、エピクロス派としてはありえないが、とくにキリスト教徒なら当然そう思うだろうというフレーズを混ぜている。

——どんなところがですか。

——死後の救済がないのであれば、生きることに望みはない。魂が物質でつくられていて死滅するものであれば、われわれは肉欲の塊にすぎない。というようなところでしょう。そのように考える者が絶望し自殺するのは当然だという結論になる。しかし神を信じる者には死後の救済があり、魂は死滅するものではないというのが暗黙の枠組になっている。

怪物・亡霊・シムラークラ

しかし半人半獣は不可能であると私は証明した。二重の本性をもつものは自然のうちにない。だというのに／あれが、みるみる近づいてきて……

（L. 一九三―一九五）

ルクレティウスの恋愛

――詩の大半を占める詩人Lの長いモノローグの部分は、彼の心がしだいに自殺に傾斜してゆく動きを表現しているのですね。詩才の涸渇と性的幻想の氾濫にともなう憂鬱、それからほかにもありますか。

――モノローグの最初の、激しい豪雨の夜にみた悪夢の回想に戻ってみましょうか。三度目覚めて、その直前に見た悪夢だから三つある。一番最初は世界の崩壊、二番目は「スッラの大殺戮で流れた血」が雨のように降りそそいで野を紅に染める、それから性的饗宴に場面が転換して、娼婦たちに取り囲まれるというもの。

――スッラの流血とは何を指すのですか。

――スッラは紀元前八〇年代の末に血みどろの内戦に勝利し、ローマの独裁官となった人ですが、この血というのは戦場で流されたものでなくて、恐怖政治の犠牲者の血です。これが最初の夢の

大自然に空虚ができて、すべてがバラバラに／砕けて行く。私は見た、炎と化した原子の奔流と無数の世界が／無窮の空間の中で瀑布となって崩れゆくのを。

（L. 三七―四二）

と重なって、終末論的イメージを連想します。もちろん、実際のルクレティウスはキリスト教徒ではないから、世界の終末というものはなく、宇宙は破壊と生成を永遠に繰り返すのだし、それに自然は

もともと原子と空虚とから構成されているのであって、空虚は新しく生じるものではないのですが。最後の三番目の夢はヘレネの胸が闇から浮上し、同時にそれを刺し貫こうとする剣が舞うのだけれど、挫けてしまう。

——こちらは、二番目の夢の後半と重なるんでしょうか。ヘレネとは、トロイア戦争の原因になった絶世の美女のことでしたよね。

——ええ、美人というよりセックス・シンボルと言ったほうがいいでしょう。そして、彼女の両の乳房から火焔が噴き出し(トロイアを焼き滅ぼす)、この熱火に焙られた詩人は、驚愕して目覚め、ウェヌス(英語読みだとヴィーナス)の復讐なのかといぶかる。

——イメージも考え方も、よくわからない。

——ウェヌス(アプロディテ)の復讐というのは、エウリピデスの悲劇『ヒッポリュトス』にその例があって、性愛を忌避する若者が義母に恋され、その求愛を拒むのですが、しかし密通を疑った父の怒りに触れて破滅するという物語です。ヘレネの乳房を刺そうとする剣はペンの象徴で、ここはルクレティウスの詩がエロスの抑圧に失敗したことを意味するという解釈があります。

——言われてみれば、たしかにエロスの禁圧というイメージになってますね。セックスの快楽について、テニスンが言っているのとルクレティウスの言っていることは違うのですか。

——テニスンは獣欲の喜びだと思ってますね。ルクレティウスは恋愛はセックスの喜びを歪めると。

——ええっ、どっちもおかしくないですか。

――恋愛の概念が、あなたとルクレティウスとでは違うんですよ。ルクレティウスのいう恋愛というのは、ただ一人の相手に固着し美化し嫉妬し、それから幻滅するという一連の過程と切り離せない。必ず苦痛の刺が混在して、狂おしい欲望を駆り立てるものです。

――でも、セックスはよくて恋愛はいけないというのはわかりません。

――身も蓋もない話になるので、ちょっと説明は勘弁してほしい。

詩人の思考の混乱

話を元に戻すと、すぐに詩人Lがウェヌスと名指した女神は、自然の生成力であり、それ自身は喜怒哀楽の感情をもたないのだから、女神の復讐などはありえない、と思い直す。それから、神々について思いめぐらすにつれ、詩人の思考は混乱していく。神々が存在すること、不死なることを証明しようとした。自分はエピクロスにしたがって、伝統的な神々の存在を否定した。

神々は、世界と世界の間の明るく澄んだ狭間に出没する。／そこは雲一つなく、風の動きもなく、／ひとかけらの雪の結晶も降ることもなく、／雷の低い轟きが呻くことも、／人の悲歎の声が神聖な永遠の静安を／乱すこともない。

（L. 一〇四―一一〇）

——前章の「未踏の仙境」の最後に紹介されたルクレティウスの詩句と同じですね。でも、世界と世界の間の領域とかは初耳です。

——無数にある諸世界の間の領域が神々の場所だと。これはエピクロスの説として伝えられるものですが、実はルクレティウスのテクストでは、どことも書かれてない。

また、神々の神聖な住居が世界のどこかある一画にあるなどと信じることも不可能だ。なぜなら、神々の存在は精妙稀薄であり、感覚の及ぶところでなく、精神の知力によって辛うじて見えるだけなのだから。それは手の触覚や打撃を逃れるものであるから、われわれの触れうるいかなるものにも、触れることができない。なぜなら触れることは、触れられえないものには不可能だから。それゆえまた、神々の住居はわれわれの住居とは異なり、その身体と同じく極薄の材料でつくられているに違いない。

（五・一一四六―一一五四）

——他の翻訳書をみると、神々は「精神の力でも到底認められない」とか「感覚や精神からはるか遠くへだたっていると思われる」と訳されてますが。

——まあ、筆の滑りというか……。それはともかく、「触れることができない」という箇所を利用して、テニスンは少し前で、ルクレティウスの序歌を巧妙に当てこすっています。

いや、女神よ、あなたがわれらと同じく、／触れかつまた触れられる方であるのならば、私はあなたに哀願することだろう、／マウォルスに口づけし、あなたの優しい腕を／彼の身体にからめ、血に飢えた欲望をとどめるようにと。

（L. 八〇—八四）

——序歌の取り消しになりますね。詩人Lは、自分の言ったことも忘れてしまい、だんだん錯乱の兆候を示してきたということですか。

——ルクレティウスは自分の言ったことを本当は信じていなかった、という戦略的批評です。それと違って、次のような詩人Lの独白にはもう少し根拠があります。

しかし、すべてが原子からできているのであれば、神々もまた／原子からつくられているのだから、どうして滅びることをまぬかれようか。

（L. 一一三—一一五）

――神々の不滅性について、ルクレティウスはどう考えていたのでしょうか。

――どうもはっきりしないのですが、微細な原子の清浄な流れみたいなものを考えているのかもしれない。

――そうすると、ウェヌスというような単一の神が存在するわけではなくて、神々の同一性の意味は川のそれと同じになりますか。

――そうでしょうね。詩人Lのモノローグの続きをみましょう。私はエピクロスの跡を追い、神々の不滅性を証明しようとしたのだが、「何をしようとしたのかも忘れてしまった。／私の精神はよろけ、私の能力はすべて萎えてしまっている」(L. 一二二一一二三)。

――こちらは忘れたという自覚があるんですね。

――ルクレティウスのほうは、さっきの神々の住居の話に続いて、「それについては、のちほど本格的に証明しよう」とあるのですが、「それ」が「神々の身体」の承前詞だとすると、その約束ははたされていない。

――あれ、それじゃ忘れたというのは本当だったんですか。

――まさか。計画を完成する前に不慮の死に襲われたのでしょう。『事物の本性について』は、まだほかにも粗削りなところを残しているので、未完の作だと推測されているのですが、これも未完説の一つの有力な証拠と考えられます。しかし、これには異論もあって、「それ」が前方照応しているのは、「神々の住居は世界の内にはない」ということだとすると(そして、それは十分可能です)、世界は神々によって創造されたものでも支配されているものでもないということですから、以下の第五巻と第六巻が約束の証明になります。

——そういうことでしたら、たしかに「神々の身体」の証明があるかないかは、そう深刻な問題にならないですね。

救済なき終末

——詩人Lは、それから視線を上方に転じて、生命を育む太陽に思いをめぐらせる。だが、太陽はアポロン神ではない。新たに誕生した児の上にも、瀕死の者の上にも、また友の嘆きに囲まれた死者の上にも、ひとしく非情に降り注ぐ光であって、まして自殺に傾く私の心中を推し量ることなどできはしない。こうして、救済なき終末というイメージに辿り着きます。

もし一息に自死しなければ、
沈む前に通り過ぎなければならない、激しい揺れを/しかり、通風と結石を、身体を壊して死に至らしめるものを、/また生の内の死なる麻痺を、醜い老年を、/さらには、ありとあるもののうち最悪の病いを。

(L. 一五二—一五五)

——最悪の病いというのは何ですか。

——どうも「獣欲」のことらしい。

——なんだか不気味ですね。ノイローゼじゃないですか。

——一八六〇年に古典学者のマンローがルクレティウスの新しい校訂本を、四年後に注釈と翻訳もあわせて刊行するのですが、テニスンはこれではじめてルクレティウスの熱心な読者になったようです。若い頃から愛読していたウェルギリウスと同じ響きを聴きとったからでしょう、すぐに魅了されました。しかし、また「そこに性愛(彼自身)の秘密を発見して、それにひきつけられるとともに怯えもし、次第にその詩がもつ暗い気分と昂揚とにとりつかれ、この強迫感情を詩に変換した」というような批評があります。しかしこの時期はもう、そういう性的強迫は克服していたんじゃないかと思う。深山のニンフがひとり現われ、こちらに走ってくる、その後を半人半獣のサチュロスが迫うという場面を描いた一節にはもともと、原詩四行分の「太陽が彼女の裸体に好色な視線をめぐらす、彼女の滑らかなわき腹、バラ色の膝、柔らかな円い膨らみ、乳房の尖端の蕾」(L.一八八一―一九二)というくだりがあったのですが、掲載誌の『マクミランズ・マガジン』(一八六八年五月号)では削除されてしまう。テニスンはこれを容認し、ただし米国版では「あちらは、それほど神経質ではありませんから」無削除にしてほしいと編集者に要望したそうです。

——救済のない終末という観念のほうが耐えがたかったということですか。詩としてはどうなんですか。

――傑作でしょうね。

――無理しているように聞こえますけど(笑)。

――そんなことはないですよ。生まれたばかりの赤ん坊にも瀕死の病人にも冷たい亡骸にも、ひとしく太陽は非情な光を注ぐというところとか、また死に至るまでに通過しなければならない病苦が列挙されたあとの、次のような行にはイメージの力強い拍動があります。

これら無数の怪奇な裸形の現実、／ねじれた形の欲望、語りえない／おぞましい、わが炉辺に歓迎されざる異邦の客たち、／すべての料理を汚す女身の怪鳥ハルピュイア、／穢らわしい行為を象る幻殻が／果てしない宇宙を疾駆し／わが胸の長きにわたる静穏を爆破し、／動物の発情と暗鬱な狂気にひたす。／ひそかに愛しているのでなくして、どうして精神は／これらの偶像をしっかりと抱くのか。

(L.一五六―一六五)

「異邦の客たち(strangers)」は「異類ども」と訳したいところですが、これは先王の亡霊に会ったハムレットがホレーショとかわす科白のパロディのように思えます。

――亡霊という含みもあるんですか。「異邦の客たち」もそうですが、「幻殻」というのも変な言葉ですね。

物体の表面を構成する原子集団

――「幻殻」というのは phantom husks の苦し紛れの訳で、シムラークラのこと。物体の表面を構成する原子集団で、それが眼に見えない薄い皮膜となって剝がれ落ち、四方八方の空中を駆け巡っている。一つ一つは極微の薄膜なので知覚できないけれど、密集し繰り返し放射されることで知覚の対象になる。エピクロスはこれをエイドーラと呼び、ルクレティウスがシムラークラという訳語を当てたんです。だから、「偶像(idols)」も比喩的な意味ではなく、ギリシア語のエイドーラを指していて、シムラークラを言い換えたものです。「ひそかに愛しているのでなくして、どうして精神は／これらの偶像をしっかりと抱くのか」のあとには、「それとも降る雪の薄片のように、／あるときは薄く、あるときは濃く飛び交って、／多数が集まると力ずくで、圧迫するのか」(L. 一六六―一六八)と続きます。

――「それともシムラークラが強制するのか」という反問になるのですね。シムラークラというのは物の知覚を説明するために考えだされたんですか。

――重点は、むしろ夢や幻覚の原因を解明することのほうにあったようにみえます。第一巻の最初のほうでも言われているのですが、死後の世界への怖れが原子論的自然像を受け入れる上での最大の障害になる、そしてそれは死んだ人が夢に現われることがあって、冥界があると信じるからだというのです。

病み衰えた半睡の昼のさなかに、
また眠りに埋もれた夜に、まざまざと
その姿が現われ、その声が聴こえるのだ、
すでに死にまみえて、とうに骨を大地に抱かれた人々の。

（一・一三二―一三五）

この夢のからくりは、魂と精神の本性（第三巻）と並んで、ルクレティウスの詩が解明すべき大きなテーマとなります（第四巻）。

――でも、それが物から剝離して飛来するシムラークラのせいなのでしたら、やはり死者も冥界も存在することになりますね。

――原子論からすれば死ぬと魂も死滅することは明らかなので、死者も冥界も存在しないことは証明済み扱いになっているんです。だから問題にされているのは死者や冥界が存在するかしないかではなくて、存在しないものの映像がどうして生じるのかになってます。

――死んだ人の映像が、どうして生じるんですか。

――シムラークラは物から剝離するものだけではない。ほかにもシムラークラには空中で自動的に形成されるもの、またそういったシムラークラから合成されたものと、三種類あるという説明になります。

物のシムラークラは、その数が厖大にあり
さまざまの仕方で、四方八方を彷徨している。
それは極薄なものであって、たがいに空中で出会うと、
蜘蛛の糸や金箔のように、やすやすと複合する。
実にシムラークラの組成は精妙をきわめ
眼を占拠し視覚を刺戟するものよりも、はるかに薄い。
というのも、これが体孔から侵入するものであり
精神の精妙な素材を動かし、内部で知覚されるのだから。
こうして、われらはケンタウルスやスキュッラの肢体を見る。
ケルベルスの三頭の犬の顔を見る。また、すでに死にまみえて、
とうに骨を大地に抱かれた人々のシムラークラを見るのだ。
（四・七二四―七三四）

説明されない「記憶」

――正常の知覚のほかに、複合像である怪物の像が生まれる原因はこれでわかるけど、死んだ人々については納得できません。シムラークラの自動生成なんて、あまりにご都合主義にきこえます。

――エピクロス派は、感覚の及ばない領域については感覚される現象からのアナロジーで考える。像の剝離も自動的な像の形成も、観察された現象から類推されたものです。ルクレティウスの場合、この観察例の提示がとても印象的なものになっていて、理論を比喩で説明しているようにも読めます。物からの像の剝離のアナロジーは、空蟬や蛇の脱皮、生まれたばかりの仔牛の胞衣などから採られているし、また自動生成については、空中で雲が次々に形を変えるという例が挙がってます。

ときに雲が軽々と天高く群がり集まり、
晴朗な空の姿を汚し、その動きで
大気を撫でるとき、われわれは見る、しばしば
巨人たちの顔が飛翔し、影を遠く広く曳き、
ときには峨々たる岩山が連峰からもぎとられ、
太陽の前を通り過ぎて行くのを、それからまた
怪物が別の黒雲を引き連れて進むのを。

（四・一三四―一四〇）

——ごまかされた気がします。たとえば、亡くなった人の生前の記憶像が脳に残存していて、視覚が外界の刺戟を閉ざしている睡眠時に、触覚や聴覚の刺戟が映像に変換されるというように考えなかったのは、どうしてなのでしょう。

——どうしてでしょうかね。精神の座を心臓に置いたので、そういう発想ができなかったのかもしれない。ちょっと不思議なんですが、記憶のメカニズムを原子論的に説明しようとしている箇所がない。そもそも記憶は説明されるべきものだと考えられていないですね。死者の夢では、むしろ記憶がはたらかないといわれている。

——どういうことでしょうか。

——夢の中では、死者が現われても、その人が死んだという記憶がなくなっているので、生ける人間に会っているように思う、というのです。

——記憶がよみがえったとは考えないのですね。怪物も死者もシムラークラだとすると、物の知覚と同じになってしまいませんか。

——物から剥離するシムラークラは持続的に供給される。その点で夢なんかとは違うということです。

時には、同種の像の補給が追いつかず、最前までは女であったものが、

抱くと男に変身して腕の中にある、
あるいは顔と年齢が次々に変わっていくが、
眠りと忘却のために、われわれはこれを不思議に思わない。

（四・八一八―八二二）

――プルーストみたいですね。話はとびますが、世界を創造した神も死後の世界もありえないというんでしたら、キリスト教世界では容認しがたいもののはずですね。どうしてルクレティウスのテクストが伝承されたのでしょうか。

――それでは、次は写本と文献学者の話にしましょう。

第三章　写本の発見と復活劇

一四一七年

希代のブックハンター

トスカーナ地方の名もない家柄の出身で、貧しい子ども時代を送ったポッジョ・ブラッチョリーニ(一三八〇―一四五九)は、フィレンツェで学費を得るために身につけた美しい手書き文字の技術とすぐれた才知によって出世の道を切り開き、ローマ教皇庁で公文書の書記官(スクリプトル)の地位を得ると、教皇秘書官にまでのぼりつめた。教皇庁に常時一〇〇人いた書記官のなかでも、教皇秘書官になれるのはわずか六人にすぎず、教皇に直接謁見できる秘書官として、ポッジョは大きな権限を手に入れた。教皇秘書官の特権として与えられた自由な時間と余力を、ポッジョは当時流行りだった古代の人文学研究に注いでいた。彼の最大の関心は文化にあり、彼の旺盛な好奇心は、時空の制約なく、あらゆる時代の人々と対話できる書物の世界に向けられていた。「私は祖国にはほとんど関心がないのです」と、彼は友人ニッコリ宛の手紙に記している。書物こそが大切であり、真に重要なものは文化であり、知識のなかでわれわれをつなぎ合わせる理想の絆こそが、自然によって課せられた制約を打ち破り、われわれの人間性を肯定するものであるとポッジョは考えていた。

しかし、三人もの教皇が同時に並び立ったシスマと呼ばれる「教会大分裂」(一三七八―一四一七年)の結末が、ポッジョに思わぬ人生の転機をもたらす。シスマを解決すべく開かれたコンスタンツ公会議(一四一二―一七年)のさなか、仕えていた教皇ヨハネス二三世(在位一四一〇―一五年)が退位に追い込まれ、ポッジョは主人を失って、突然、地位も収入も無くしてしまったのである。彼がまとまった収入を得るために選んだのが、正確で速く美しい書写の技術と培ってきた古典ラテン語の高い学識を活かすことができる仕事、古典テクストのブックハンターだった。キケロの時代から書記や写字生を指すリブラーリウス(librarius)という言葉は、書籍商をも意味したように、書記官からブックハンターへの転身は、驚くようなことではなかったかもしれない。高まる古典人文学熱のなかで、古代文学の再発見はルネサンス期の間にたえず行なわれ、南部ドイツのコンスタンツ公会議に集まった人文主義者たちも、余暇には古典テクストを探すことに精を出していた。イタリアの修道院はすでに調べ尽くされていたが、スイスや南部ドイツ周辺の修道院は、フランク王国(カロリング朝)のカール大帝(在位七六八―八一四年)がラテン語教育の導入と文化振興を行なった「カロリング・ルネサンス」(八―九世紀）の影響をなおもとどめ、貴重な古典テクストがまだ手つかずに眠る宝庫だったからである。

　しかし、失われた古典テクストのブックハンターとして、ポッジョの業績は別格だった。ポッジョは他の人文学者たちにはないものをそなえていた。繊細な美しい文字で正確に速く筆写する職人的技術と、彼自身は聖職者ではなかったけれども、長年教皇庁で書記官を務めたおかげで培うことができた有力な聖職者の人脈である。ポッジョは一四一五年に第一回のブックハンティングの遠征を行ない、ブルゴーニュのクリュニーの修道院を訪ね、キケロの弁論集の古い写本を発見する大きな成果をあげた。そのなかには、『ロスキウス・アメリヌス弁護』や『ムレナ弁護』など、それまで知られていなかったキケロの弁論が含まれていた。八世紀以前に書かれたこれらの貴重な写本は、後にクリュニー古写本（vetus Cluniacensis）と呼ばれることになる。

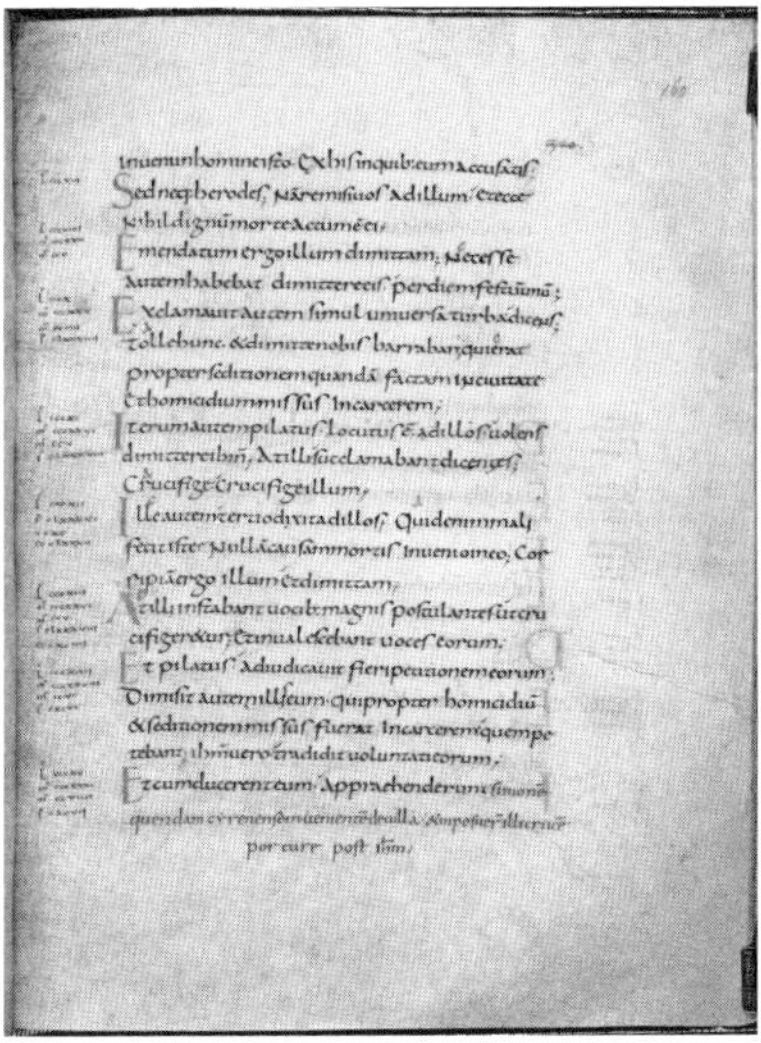

図5——カロリング小文字体で書かれた福音書（大英博物館 MS Add. 11848. 160v）.
ウルガータ聖書，ルカ伝23：15-26. カロリング・ルネサンス期に，カール大帝の写字室で作られた写本は7000冊を超える．ルネサンス時代の書体はカロリング小文字体をもとにして作られた．

　ポッジョは三人の人文学者の友人を連れて、一四一六年に第二回の遠征を行ない、ドイツとの国境に近い

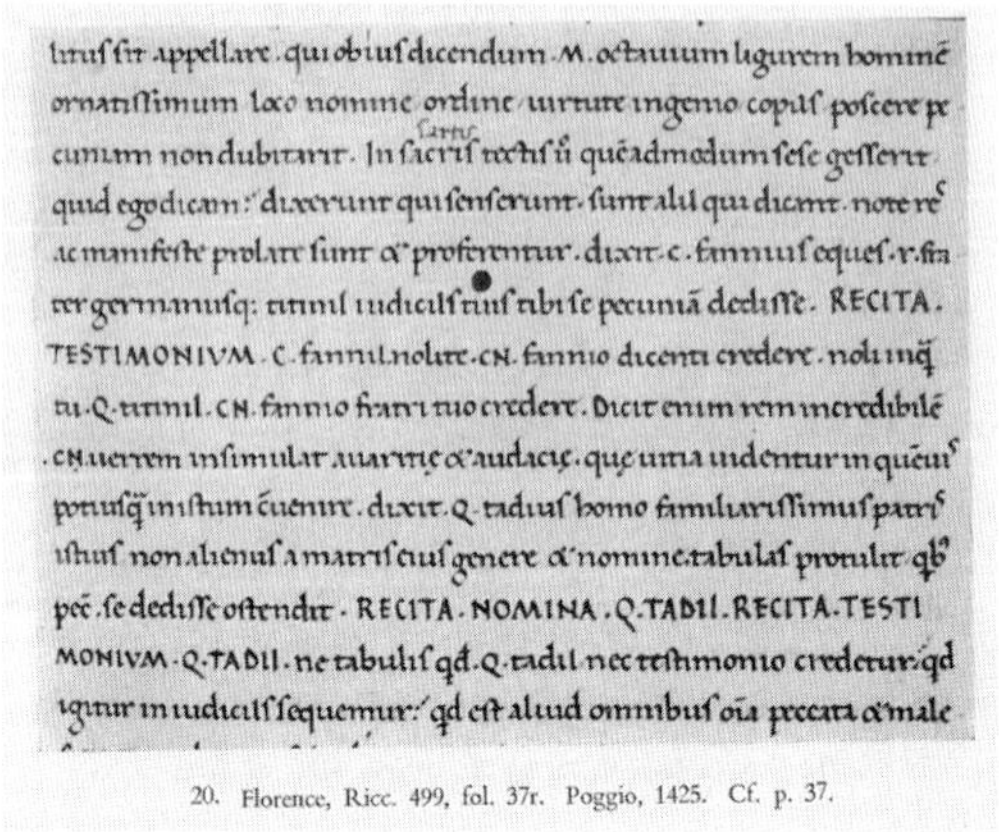
20. Florence, Ricc. 499, fol. 37r. Poggio, 1425. Cf. p. 37.

図6――ポッジョの写字生書体.
Bracciolini's book-hand, from Ullman, B. L. (1960). *The Origin and Development of Humanistic Script*. Rome: Edizioni di Storia e Letteratura. Appendix.

スイス北東部にあるザンクト・ガレン修道院を訪問する。ザンクト・ガレン修道院は、アイルランドの修道士ガルスがその地に結んだ庵の跡に建てられ(七二〇年)、後に労働と学問を重んじたベネディクト派の修道院となると、聖書や古典の写本作成を行なう拠点となった。ザンクト・ガレン修道院は今日でも二〇〇〇冊を超える古写本と一五万冊の蔵書を誇り、ユネスコの世界遺産にも登録されている。ポッジョたちはこのときの遠征で、クインティリアヌスの完全なテクスト、キケロの五つの弁論に対するアスコニウスの注釈書、ウァレリウス・フラックスの『アルゴナウティカ』の写本を発見している。

フルダ修道院と写本の大発見

一四一七年一月の第三回の遠征に際して、ポッジョは周到な計画を立て、事前に教皇庁の認可を得ていたので、通常は非聖職者や部外者の立ち入りを厳しく禁じていた修道院の図書館にも首尾よく立ち入ることができた。この遠征で、ポッジョはザンクト・ガレン修道院を再訪するとともに、近隣のドイツの修道院を訪問して古典文献の探索を広範囲に行ない、中部ドイツにあるフルダ修道院にまで足を伸ばした。

ポッジョが、『事物の本性について』の写本を発見したのは、このフルダ修道院の図書館であった可能性が高い。ポッジョ自身が記録を残していないので、写本が発見された場所を特定することはできないが、発見の年にフルダ修道院を訪問していること、そして、フルダ修道院には、ベネディクト会修道士で後にマインツ大司教となる傑出した教師ラバヌス・マウルス(七八〇頃—八五六)がいたことがその推定の根拠である。ラバヌスは、フルダ修道院時代に書いた詩集『聖十字架の礼讃(*De laudibus sanctae crucis*)』でルクレティウスに言及し、次に述べるようにその作品を強く意識した著作を残しており、少なくとも当時のフルダ修道院には『事物の本性について』の希少な写本があったと考えられるからである。

ポッジョの話から少し離れて、ルクレティウスの写本とフルダ修道院およびラバヌスとの関係について触れておこう。フルダ修道院は、七四四年に創設されたドイツ最古のベネディクト派の修道院で、ラバヌスの指導のもとに全盛期を迎えた。西ローマ帝国を継承したフランク王国のカール大帝は、キリスト教にもとづく王国建設のためにラテン語教育を導入し、イングランドの修道士でラテン語の高い学識をもつ著名な神学者アルクィン(七三五頃—八〇四)を宮廷に招いたが、ラバヌスは彼の愛弟子であった。八〇四年にラバヌスがフルダ修道院学校の校長になり、八二二年から八四二年まで修道院長を務めると、フルダ修道院はヨーロッパで有数の学問と写本作成の中心地となった。ラバヌスはカール大帝の教育政策を推進し、カロリング・ルネサンスの最大の教師として、「ゲルマニアの教師(praeceptor Germaniae)」とも呼ばれた。

ラバヌスは数多くの聖書注解や聖職者の教育に関する著述などを残したが、彼の著作の一つに『事物の本性について(*De rerum naturis*)』という作品がある。ルクレティウスの作品名の「本性」を複数形にしただけで、よく似た書名をもつこの著作は、『宇宙について、あるいは語源に関する著作集(*De universo, sive etymologiarum opus*)』という別名でも呼ばれ、全二二巻からなる博識を誇る百科全書的大作である。その内容は、神や天使、新旧約聖書の登場人物、信仰箇条や教会制度といったキリスト教の神学や教義を論じるだけでなく、世界、時間、水、大地や地形、山や森林、建築や市街地や田畑、鉱物や金属、農業、異教哲学、戦争と競技、家政など幅広い分野に及んでいる。

ラバヌスの著作が範とした大著述があった。古代世界の思想の遺産を後世に伝えた、ヨーロッパ最後の偉大なラテン教父と呼ばれるセビリャの司教イシドルス(五六〇頃―六三六)の百科事典的著作『語源(*Etymologiae*)』である。

イシドルスの『語源』とルクレティウス

『語源』は全二〇巻からなり、修辞学、論理学、数学、医術、神学、動物学、宇宙論、建造物、土地、石や金属、農耕、戦争、娯楽、造船、食品、家財などの多岐に及ぶ。『語源』の基本的な構成は、ルクレティウスの同時代人であり、六〇〇冊もの著作を書いたと言われるウァロ（前一一六―二七）の百科全書的著述の伝統に遡り、古代ローマからの異教文化の伝統を継承している。『語源』は簡明なラテン語で書かれ、中世からルネサンス期の長きにわたり、繰り返し印刷され続けた最も普及した概説書である。イシドルスはその博識と著作の功績から、二〇〇三年にローマ教皇ヨハネ・パウロ二世によってインターネットの守護聖人に認定されている。七世紀に活躍した彼は、動物学や自然学に関して一世紀のプリニウスの『博物誌』などを主な情報源として利用しているが、ルクレティウスの作品にも精通していた。イシドルスは『自然について（*De natura rerum*）』という書名の著作も書いており、その著作と『語源』のなかには、ルクレティウスのテクストからの直接の引用と思われる表現や記述が見出され、気象などの自然現象を説明するためにルクレティウスの一二のパッセージが引用されている。『語源』のなかの「原子について」の項目では、次のような説明がなされている。

哲学者たちは世界の物体の部分をアトムという名によって呼ぶが、それらはきわめて小さいので視覚に現われることがなく、トメン、すなわち分割を認めない。それゆえ、それらはアトムと呼ばれる。これらは全宇宙の空虚を通して絶え間なく運動して飛びかい、太陽の光線が窓から差し込むときに微細な埃が見られるように、あちらこちらへと動く。ある異教の哲学者は、これらのアトムから木々や草やすべての果実、火や水が生み出され、万物はそれらのアトムからつくられていると考えた。アトムは、物体のなかにも、時間、数、文字のなかにも存在する。石のような物体のなかにも。石を部分に分割し、その部分それ自体も砂のような粒子に分割して、さらにその砂の粒子を微細な砂埃に分割して、可能なかぎり分割を繰り返すと、ついに分割したり切り分けたりすることができないような小さな素粒子に達する。それが物体のなかにあるアトムである。時間のなかにあるアトムは次のように理解される。たとえば、一年を月に、月を日に、日を時間に分割すると、時間の部分もまだ分割をゆるすが、ついにはもうそれ以上には延ばせない、したがって分割できないような、いわば瞬時の時間と一瞬の断片に達する。それが時間のアトムである。数のなかというのは、たとえば八が四に分割され、さらに二に分割され、二が一に分割される。一は分割できないがゆえにアトムである。文字の場合も同様である。弁論は言葉に分割され、言葉はシラブルに分割され、シラブルは文字に分割される。文字は、最小の部分であり、分割されえないのでアトムである。それゆえアトムとは分割されえないものであり、幾何学における点のようなものである。というのも、ギリシア語で分割はトモスと呼ばれ、不可分割はアトモスと呼ばれるからである。

（イシドルス『語源』vol. 13. II）

ギリシア語の接頭辞の「ア」は否定を表わし、トモンは「切ること」「分割すること」を意味するので、アトモン(アトム)は「切ることができないもの」「分割できないもの」を意味する。イシドルスは時間や数などにも不可分割の最小単位としてのアトムを想定しているが、そのような考えはエピクロスの現存する著作やルクレティウスの作品のなかには見られない。ルクレティウスにとって時間とはそれ自体で独立に存在するものではなく、感覚が以前にあった物体、今ある物体、その後にくる物体からとらえるものにすぎない(一・四五九―四六一)。時間に最小単位があるとする議論は、運動の合理的説明を否定する「ゼノンのパラドクス」を論じたアリストテレスにさかのぼることができるだろう。アリストテレスは、時間がそれ以上に分割不可能な〔アトム的な〕時間を想定することを否定する議論を記しているからである(『自然学』第八巻第八章 263b)。

エレア派のゼノンは、生成消滅や運動変化の自然学的説明を否定した師パルメニデスの「あるものはある、あらぬものはあらぬ」という根本格率にしたがい、運動を論駁するために、時間空間の無限分割が可能であっても不可能であっても、不合理な結論を導くことを示す四つのパラドクスを提出した。時空が無限分割可能ならば、「アキレウスと亀」のパラドクスが示すように、限られた距離でさえも、それが無限に分割されるために、「これが最後という項がない項系列の、最後の項までを通過し尽くすことはいかにして可能か」という背理が帰結する。逆に時空が無限に分割できず、最小単位の集合によって構成されるならば、その最小単位の各瞬間においては、あらゆる物体はそれ自体と等しい空間を占めているために静止しており、「飛んでいる矢」はすべての瞬間において静止しているという背理が帰結する。

原子論は、パルメニデスの根本格率に対して、物体の無限分割は不可能であり、物体の最小単位を構成するアトムこそが不生不滅で恒久不変であると主張する立場であるから、アリストテレスが論じたゼノンの運動論駁の枠組みにそって考えれば、原子論者は時間についても最小単位を認めることになるという結論が導かれる。イシドルスは『語源』において、修辞学やカテゴリー論に関するアリストテレス哲学について情報を伝えていることから、時間のアトムを論じた記述は、時空の無限分割の不可能性に関するアリストテレスの議論から敷衍された教説を採用したのかもしれない。

ラバヌスと古代原子論

九世紀に書かれたラバヌスの『事物の本性について』は、イシドルスの著作から大きな影響を受けており、ラバヌスの著作のなかの原子の項目は、イシドルスの原子の記述をほぼそのまま踏襲したものである。異教の哲学者は、世界の物質の部分をアトモスと呼んでおり、きわめて微小であるために視覚でとらえることができず、分割を受け入れないため、アトモイ(分割できないもの)と名づけられること、それらは全宇宙の空虚を絶え間ない運動で飛んでおり、風によって吹き上げられた小さな埃が太陽の光線によって見られるように、あちこちに運ばれ、木々も草もあらゆる産物、火も水も、すべてのものがそれらから生まれ構成されていると考えていると述べられている。これに続いてラバヌスは、時間と数も不可分の単位があるとする教説も紹介している(第九巻第二章)。

しかし、ラバヌスはイシドルスとは異なって、この後に一転して、神学的議論を展開する。自分たちには原子論者とは異なり、不可視の単一なるもの(unitas)があるとして、パウロの「エフェソへの手紙」第四章三—五節を引いて、「唯一の神、一つの信仰、一つのバプテスマ」があることを論じている。その神学的議論のなかで、原子論に対する直接の批判は述べてはいないけれども、ラバヌスは古代原子論の学説に対して、独自の評価を下して、それに対抗する考え方をもっていたことがうかがわれる。ラバヌスが、ルクレティウスとほぼ同じタイトルの著作を書き、原子論に関して記した叙述には、彼の対抗心を読み取ることができる。そのことは、ポッジョがルクレティウスの『事物の本性について』の古写本を発見したのが、ラバヌスが二〇年にわたって院長を務めたフルダ修道院の図書館であることを物語る状況証拠と言えるかもしれない。

ただし、文献学者の意見がフルダ修道院で一致しているわけではない。このフルダ修道院に次いで古写本発見の有力な候補地とされるのは、アルザス南部にあるムルバッハ修道院である。フルダ修道院よりもさらに古く、七二七年に創設され、九世紀半ばにライン川上流域における知的拠点になっていたからである。ムルバッハもまたベネディクト派の修道院である。

イタリア到着

ポッジョのブックハンティングの話に戻ろう。ポッジョは、ルクレティウスに繰り返し言及したオウィディウス(前四三—紀元一七/一八)やキケロを熟知していたので、ルクレティウスの作品の存在を知っていたことはまちがいない。何世紀もの間、その断片すら見当たらず、まったく姿を消していたルクレティウスの詩の全巻を修道院の固く鎖されていた書庫で発見したとき、「一日にして大地が滅ぼされる日まで、その崇高な歌が滅びることはない」と告げたオウィディウスの予言(『恋の歌』第一巻第一五章一三—一四)が、ポッジョを震撼させたことだろう。一〇世紀からポッジョが写本を発見する一四一七年までのおよそ五〇〇年間に、ルクレティウスの作品からの間接的な引用はあっても、オリジナルのテクストを誰かが直接に読んだ形跡は残されていない。

ポッジョは、第三回の遠征で発見したルクレティウスの古写本から筆写本を作成すると、それをイタリアに運ばせ、フィレンツェの富豪で古典作品の写本や美術作品の最大のコレクターであった友人ニッコロ・ニッコリ(一三六三／四－一四三七)に送った。人文学に情熱を燃やしていたニッコリは、自分で時間をかけて、後のイタリック体の基礎となる美しい筆記体で、その写本を筆写して複製を作成した。その後、一四三〇年代から一五〇七年にかけて、現存するだけでも五四冊ものルクレティウスの詩の写本が作られたが、ポッジョが最初にもたらした筆写本が、それらイタリー写本(Itali)と呼ばれる系統のすべての祖となっている。

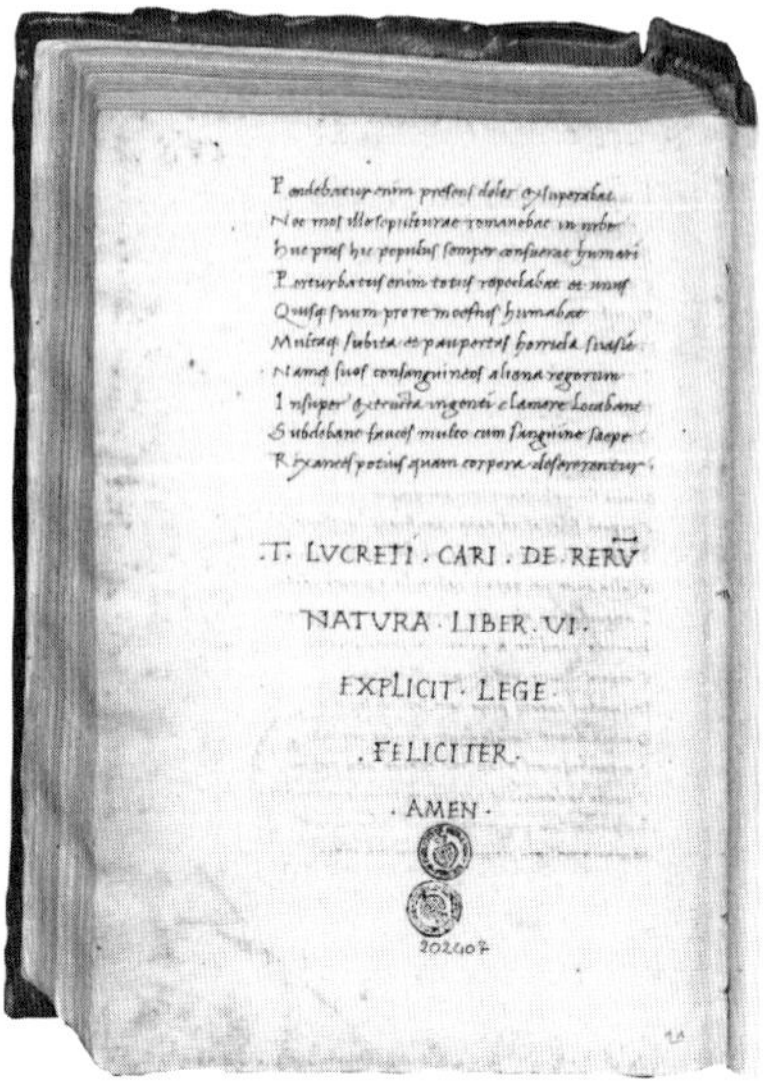

図 7——ニッコリによって筆写された『事物の本性について』第六巻末と奥付.「楽しく読んで，アーメン」と結ばれている.

ニッコリは裕福な商人の息子で、親の遺産を分与されると古典文学の研究に没頭し、私財を投げうって八〇〇〇冊にものぼる古典文献を収集し、その書物を必要とした人文主義者に惜しげもなく貸し与えた。ニッコリやポッジョの古典作品の収集活動には、彼らを財政的に援助したさらに大きな後ろ盾がいた。ルネサンス期の最大のパトロンであるフィレンツェの大富豪コジモ・デ・メディチ(一三八九—一四六四)である。ニッコリは全市民に公開することを条件として、フィレンツェ市に彼のコレクションを遺贈した。コジモはその約六〇〇冊の蔵書を収蔵するために資金を提供して、一四四四年、近世ヨーロッパで最初の公共図書館と言われるサン・マルコ図書館を創設している。ポッジョが最初に作成させた『事物の本性について』の筆写本も修道院にあったその原本も、残念ながら今では失われてしまった。しかし、ニッコリが自分で複製した写本は、メディチ家出身の教皇クレメンス七世の命を受けてミケランジェロが設計したラウレンツィアーナ図書館(一五七一年開館)に現在も保存されている。

ポッジョがもたらした『事物の本性について』は、最初は空想的な娯楽の読み物とされたが、しかし、次第に中世キリスト教の世界観を根底から揺るがす「無神論」の著作として恐れられ、他方では熱烈に崇め支持する者たちが出てくる。一人の野心家の男が出世コースから逸れた小さな出来事が、世界を近代へと大きく方向転換させる駆動力の一つとなったことは、まるで無限の虚空間を落下するアトムの極小の逸れが、この世界のさまざまな運動変化の源泉であるとするルクレティウスの教説を裏打ちするようにも思える。ポッジョによる『事物の本性について』の発見物語は、新歴史主義の旗手S・グリーンブラッドの魅力あるベストセラー作品(*The Swerve, How the World Became Modern*, 2011)によって、多くの読者に広く知られるようになった。

失われたテクスト

しかし、現存する最も古く最も重要なルクレティウスの写本は、ポッジョのもたらしたイタリー写本ではない。テクストとして最良の写本は二冊あり、一方は長方形をしていることからオブロングス(Oblongus)本、もう一方は正方形に近いことからクアドラートゥス(Quadratus)本と呼ばれる。

それらの写本が最古の良本であることを証明したカール・ラハマン(一七九三―一八五一)以来、それらはOとQと略称される。O写本は縦一段組みの二つ折り版で一九二頁、各頁平均二〇行からなり、Q写本は縦二段組みで六九頁、各段の平均行数は二八行からなる。それらは九世紀に、カール大帝の宮廷の写字室(スクリプトリウム)で作られ、宮廷図書館に収められていたと考えられる。O写本の方が古く、八〇〇年頃に作成され、写本が完成された後に、欄外部分にアイルランド人の修道士ボッビオのドゥンガル(八一一―八二八年頃活躍)が校訂を書き入れた。ドゥンガルは、八一〇年に二度起きた太陽の食についてカール大帝に説明の書簡を送るなど、天文学者としてもカール大帝から厚い信任を得ていた。他方のQ写本は九世紀半ばすぎに作成され、カール大帝がアルクィンに検討させて普及を奨励した初期のカロリング小文字体で書かれている。

カール大帝の死後、宮廷図書館の蔵書は散逸し、その多くは今日のドイツやフランスの修道院の図書館に送られたらしい。O写本はある段階でマインツに移され、O写本の最初の頁には、一四七九年にマインツの聖マルティン教会の蔵書であったことが記されている。フルダ修道院院長を務めたラバヌスが後にマインツの大司教になったように(八四七年)、フルダ修道院とマインツの司教管区とは数世紀にわたって密接な関係を保っていた。そのためO写本は、ラバヌスの時代にフルダ修道院で作成されたものであり、一一世紀頃にマインツに運ばれていたと推察する研究者もいる。一五五二年に聖マルティン教会がブランデンブルク＝クルムバッハ辺境伯アルブレヒト・アルキビアデスの軍による略奪を受け、O写本は修道院からハイデルベルク方面に持ち去られた。Q写本は、一六世紀にはフランス北部サントメール近くのベネディクト派のサン・ベルタン修道院にたどり着き、ラテン語名ランビヌスで知られるドゥニ・ランバンが一五六三年にパリとリヨンの書店から出版した『事物の本性に

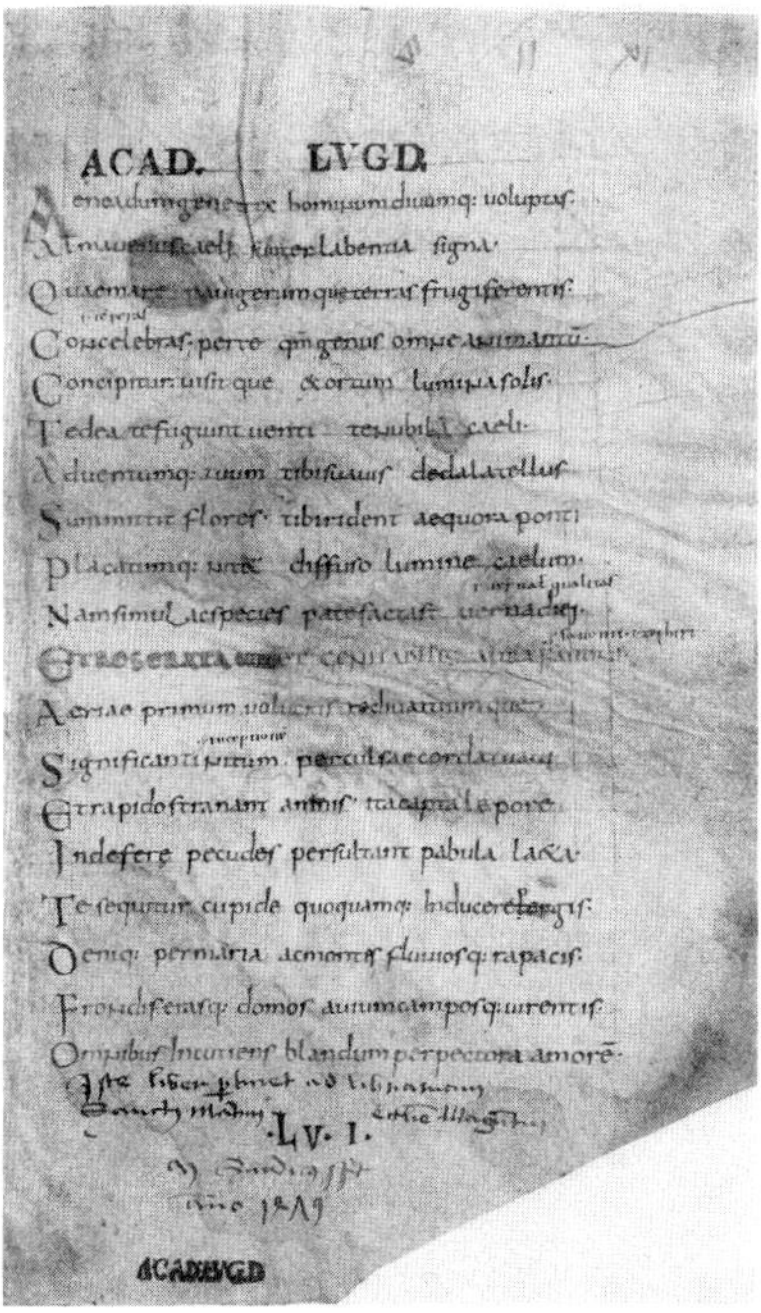

図 8——Codex Oblongus の最初のページ(『事物の本性について』1・1–19).
ライデン大学図書館蔵.

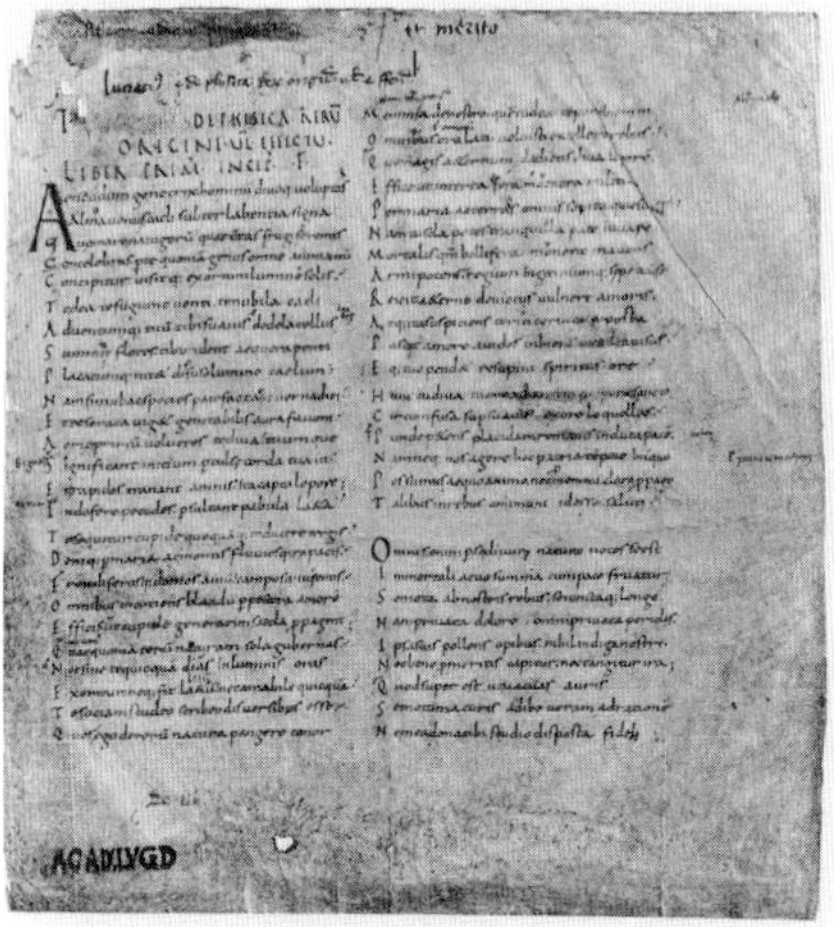

図 9 ── Codex Quadratus の最初のページ(『事物の本性について』1・1-51). ライデン大学図書館蔵.

ついて』の校訂本は、Q写本を比較照合している。幸運なことに一七世紀には、OとQの両写本はオランダの古典学者で著名な蔵書家として世界的に知られたイサーク・フォッシウスの手に渡り、彼の死後、遺族によってライデン大学に売却されて、現在はライデン大学の図書館に所蔵されている。これらの二冊とは別に九世紀後半に作成されたS写本が、コペンハーゲンとウィーンに分散されて保管されているが、それは詩の全体の四五パーセントを含むものにすぎない。

写本の系統

一九世紀の伝承史研究以来、OQSの写本の祖型となったΩという失われたテクストが想定されている。その根拠は、祖型となるテクストの物理的損傷の影響が、それらの写本に共通して見られることである。第一巻一〇六八―一〇七五行の各詩行の末尾の損傷、第一巻一〇九四―一一〇一行の完全な脱落、第四巻三二三―三四六行と、二九九―三二二行の入れ替わりは、元となるテクストの物理的損傷でしか説明がつかない。ラハマンは、OとQが写し取られた一頁二六行からなる元型写本を想定すれば、現存の写本間の不都合がきわめて上手に解消されることを示した。その元型写本Ωから、まずO写本とΩ′が作成され、後者の孫写本ΨからQとSが作成されたと考えられている。

では、これらの写本と、ポッジョが発見した写本とはどのような関係にあるのだろうか。ルクレティウスの写本の伝承史を研究するバターフィールドは、ポッジョが一四一七年に発見したのはO写本から作成された一〇世紀頃の写本Xであり、それを筆写したポッジョの写本がイタリー写本の祖になったと論じている。それが真実であれば、イタリー写本は現存するO写本の孫写本以降に当たるので、ルクレティウスの原典テクストを校訂するには独立した価値をもたないことになる。

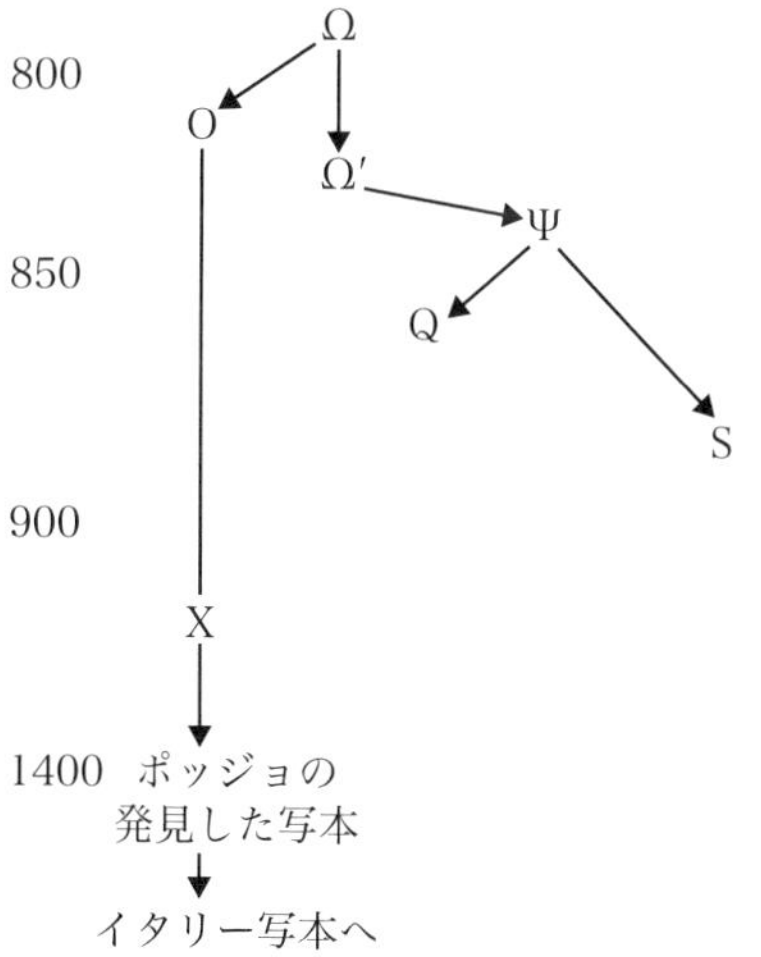

図10——写本の系統図.

芸術への影響

しかし、ルネサンスにおいて中世キリスト教の世界観の変容にも影響を与えたのは、ずっと後になって発見されたOやQの写本ではなく、ポッジョの写本であったことはまぎれもない。ポッジョがもたらした写本から数多く作成されて回覧されたイタリー写本も手書きの写本であったが、一四三〇年代にヨハネス・グーテンベルクたちが起こした活版印刷の革命的技術は急速に普及し、一四七三年には早くもイタリー写本をもとにして、『事物の本性について』の初版本が印刷されている。『事物の本性について』の出版は、イタリア・ルネサンスの人文主義者にただちに大きなインパクトを与えた。メディチ家のプラトン・アカデミーの中心人物の一人であったアンジェロ・ポリツィアーノ（一四五四―九四）の詩「ジュリアーノ・デ・メディチ殿の馬上槍試合に捧げるスタンツェ」（一四七五年）に描かれた神々の祭礼の描写は、『事物の本性について』のマルスとウェヌスの描写や神々の住まいについての詩行に構想を得ている。作品のなかで春の訪れが次のように歌われている。

さて、愛神は、見事な復讐をなし遂げて、／闇夜を嬉々として飛んで行き、／瞬く間に、幼い弟たちの住む、／母の王国に到着した。／そこでは、グラティアたちがそろって憩い、／「美」が、花の冠で髪を飾っている。／そして、フローラの背後に、すっかりくつろいだ／ゼピュロスが飛び、緑の野原に花を咲かせる。

（村松真理子訳「ジュリアーノ・デ・メディチ殿の馬上槍試合に捧げるスタンツェ」一・六八、池上俊一監修『原典　イタリア・ルネサンス人文主義』名古屋大学出版会、二〇一〇年、七三〇―七三一頁）

グラティアはギリシアのカリスたちのラテン名で、三人の美の女神で春の象徴であり、フローラは

図 11――ボッティチェッリ「春(プリマヴェーラ)」(1477-78 年).
ウフィツィ美術館蔵.

花と豊穣の女神で、オウィディウスによればもとはクロリスというニンフで、暖かな西風であるゼピュルスにさらわれて、その妻となり花を支配する女神になったという(オウィディウス『祭暦』第五巻一九五―二〇〇)。さらに、ポリツィアーノのこの詩句が、ボッティチェッリの「春(プリマヴェーラ)」(一四七七―七八年)の創作に影響を与えたとされる。この八行からなる詩句(stanza)は、『事物の本性について』の春の到来の情景をモデルにしている。

春はウェヌスとともに到来し、彼女らに先立ちウ
　ェヌスの
翼ある先触れが足を踏み入れる、そのゼピュルス
　の足跡に沿って
母なる女神フローラが、進む道一面に、
輝くばかりに美しい色彩と芳香を撒き散らす。
　　　　　　　　　　(五・七三七―七四〇)

近年の研究では、ボッティチェッリの「ヴィーナスの誕生」(一四八五―八六年)にも、ポリツィアーノを介してルクレティウスのウェヌス(一・七―八)の姿が反映されていると考えられるようになってきた。

しかしながら、ポッジョが写本を発見してからちょうど一〇〇年目の一五一七年、フィレンツェとその領土を支配したフィレンツェ教会会議が、猥褻で不敬虔な書物を学校で読むことを禁じる布告を出し、『事物の本性について』をその標的にした。ルクレティウスが魂の滅びを主張していることにも言及して、布告に違反した者には、永遠に地獄に堕ちる罰と一〇ダカット(純金三五グラム相当)の罰金が科せられた。写本発見後一〇〇年目の節目に、キリスト教会から学校で読むのを禁じられるようになるルクレティウスの詩を、なぜキリスト教修道院が永遠の滅びから救い、その復活を手助けすることになったのだろうか。しかし、写本伝承の話を少し急ぎすぎてしまった。写本の発見まで、ルクレティウスのテクストが、どのように読まれたかその変遷を少し立ち戻って見ておこう。

ムゥサの花冠

ウェルギリウスへの感化

『事物の本性について』は、ルクレティウスが死ぬ前(前五五年頃)には発表されていなかったと考えられる。作品はほぼ完成していたが、まだ仕上がった状態になっていない箇所や、最終第六巻の最後の部分が突然終わっていたり、いくつかの議論は適切ではない順序に置かれたままだからである。ルクレティウスは死の直前まで、削除や追加や並べ替えの作業をしていたと思われるので、遺された原稿は巻子本の形に整えられた完全原稿ではなく、作業がしやすいようにパピルス紙一枚一枚に書かれたままであっただろう。キケロがルクレティウスの遺稿に手を入れて出版した、というヒエロニュムスの証言はまったく当てにならない。遺稿は死後すぐにエピクロス派のサークルの人物によって巻子本にされて回覧されたと考えられる。死後からわずか一年後には、キケロがその詩を読んで「天才の輝きにあふれている(multis luminibus ingeni)」と感嘆の言葉を手紙に書き残したように、ローマの知識層にまたたく間に広く知られるようになる。

ルクレティウスの技巧の粋をつくした詩の美しさは、名だたる詩人たちに大きな衝撃を与えた。ローマ最大の詩人ウェルギリウス(前七〇―一九)は、若き日にローマで修辞学、弁論術、医学、天文学、数学を修めた後、エピクロス派の哲学者シロンに学んだことが知られている。ウェルギリウスは、自分の詩のなかではルクレティウスの名前を一度も挙げていないが、思想、構成、詩的語法について、ルクレティウスから受けた影響の大きさは計り知れない。たとえば、ウェルギリウスの『農耕詩』第二歌の結びでは、「宇宙の因果を知りきわめ、／すべての恐怖と、冷厳な運命と、飽くことを知らぬ／アケロン川のざわめきを、足下に踏みつけた人は幸せである」(小川正廣訳、第二歌四九〇―四九二)と歌われ、宇宙の生成と構造に関する真理を語り、死の恐怖を克服しようとしたルクレティウスに対する深い敬意と讃辞が示されていると一般に考えられている。また、ウェルギリウスは『牧歌』で、エピクロス派の庭園体験を背景としながら、『事物の本性について』から数多くの表現を借り受け、ルクレティウスの文学的影響の跡を随所に残している。

幸せな老人よ、君はこの慣れ親しんだ川や／聖なる泉の間に、涼しい木陰を求めるだろう。／こちらの隣の境の生け垣は、いつものように／柳の花をヒュブラの蜜蜂に吸われて、／軽やかなその羽音で、君をしばしば眠りに誘うだろう。／こちらの高い岩壁の下では、枝を刈る人が空に向かって歌い、／その間にも、君の好きなしわがれ声の森鳩も／雉鳩も、高い楡の梢から鳴きやむことはないだろう。

（小川正廣訳『牧歌』第一歌五一－五八、『牧歌／農耕詩』京都大学学術出版会、二〇〇四年）

では歌いなさい、僕らは柔らかい草の上に座ったのだから。／今やすべての野と、すべての木々に芽は萌えいで、／今や森は葉を茂らせている。今や最も美しい季節が来た。

（同第三歌五五－五七）

この『牧歌』の自然描写やラテン語の詩行は、『事物の本性について』の第二巻や第五巻で描かれた田園風景の描写や詩句を活用している。

こうしてたびたびともに柔らかい草の上に横たわり
水の流れのそばの、高い木の枝陰で、
人々は大した費用もかけずに体を楽しませた。
とりわけ天候がほほえみ、一年のめぐる
季節が、緑の草を花々で彩ったときには。
そのときには戯れがあり、対話があり、楽しい笑いが
あったものだ。そのとき田園のムーサは真っ盛りであった。

（小川正廣訳『万物の本質について』五・一三九二―一三九八、『ウェルギリウス研究』三二三頁）

ルクレティウスのこの詩行を、『牧歌』のなかに挿入すれば、両者はそのまま溶け込んで一幅の美しい田園風景を形づくるだろう。ウェルギリウスは、ルクレティウスの詩句を繰り返し愛唱していたにちがいない。また、ルクレティウスの詩をよく読んでいた者であれば、ウェルギリウスがどれほど多くその詩句を借用していたかは容易に理解できた。ローマの博識の著作家であったアウルス・ゲッリウスも、「ウェルギリウスが、単語のみならず、ルクレティウスの詩句や詩行も数多く借用しているのを、私は読んで知っている」と記している（大西英文訳『アッティカの夜』第一巻第二一項第七節、京都大学学術出版会、二〇一六年）。影響は牧歌的自然描写だけにはとどまらない。ルクレティウスの原子

も宇宙論的世界像のなかに織りこまれて、次のように歌われている。

なぜならシレヌスは歌ったのだ、巨大な空虚〔inane〕の中で、／土と空気と海水と流体の火の諸元素〔semina〕が、いかにして集合し、／これらの最初の元素から、どうしてすべての要素ができたのか、／そして柔らかい宇宙の球体が、どのようにおのずと凝固したのかを。／つぎに土が固くなり、ネレウスを海に閉じ込め、／しだいに事物の形をなし始める。／やがて大地は、生まれたばかりの太陽の輝きを驚き眺め、／いっそう天高く遠ざかった雲から、雨が降りだす。すると、／まず木々が生えて森となり、山々には、／気づかぬうちに、動物たちがあちこちまばらに歩き始める。

（小川正廣訳『牧歌』第六歌三一―四〇）

古代ギリシアのより古い自然学的伝統に立ち返り、土・空気・水・火の四元素が想定されている点で、ウェルギリウスのコスモゴニーはエピクロス派とは異なっているが、ルクレティウスの宇宙論の基本である物質の最小物体の元素(semina)と空虚(inane)が明確に歌われている。ここにも、ルクレティウスの巨視的で合理的な自然観が、非合理的で気まぐれな神々の住む世界として思い描いていたローマ人の自然観に与えた影響を見出すことができる。「ラテン語で普遍的な自然観を語り、情熱的な態度で死の恐怖との闘いを説いたその崇高な長篇詩は、牧歌の小宇宙から抜け出して、より大きく荘重な文学を創り出す重要なきっかけともなった」(小川正廣訳『牧歌／農耕詩』解説、二四六頁)のである。

ローマ人の精神に与えた影響

ローマ共和政末期から帝政初期にかけて、ウェルギリウスだけでなく、オウィディウスやホラティウスといった詩人たちの誰もがルクレティウスに感化された。詩人たちの作品にその強い影響を与えただけではなく、ルクレティウスはローマの知識人に広く読まれた。ルクレティウスが生きた共和政末期は、戦乱と抗争と陰謀と虐殺が相次いだ時代であり、詩人みずからが、人々は市民の血によって財産をつくりあげ、欲心にかられては、殺戮に殺戮を重ねてその富を倍加し、兄弟の悲しい葬式に歓びの声をあげ、近親者たちの食卓を怖れる(三・七〇―七三)と歌った時代である。そのような共和政末期の血みどろの抗争がもたらした疲弊のなかで、自然の形象と理法の究明によって精神の恐怖と暗黒を追い払い、死の恐怖と苦悩から解放し、心の平静と精神の安定を与える美しいラテン語の詩は、エピクロス哲学をローマ人の精神の奥深くにまで沁みこませただろう。

一世紀の最も著名な文法学者であるマルクス・ウァレリウス・プロブスは、ルクレティウスの詩の校訂を行なったことが知られ、また、同時期の修辞学者クインティリアヌスは、弁論家は最善の作家の真似をしなければならないとして、ローマの作家で第一はウェルギリウスとし、次にマケルとルクレティウスを読むべき作家として挙げている(『弁論家の教育』第一章第八七節)。

ローマ社会では次第に学識が重んじられるようになり、人々の知識欲の高まりを受けて、書籍の収集や取引が盛んになり、私有の大きな蔵書コレクションが作られ、公共図書館が建設される。ローマ最初の公共図書館は、前三九年に軍人・政治家で詩人でもあったガイウス・アシニウス・ポリオによって、戦利品をもとに、カエサルの遺志を継いで自由の女神神殿の中央大広間に設立された。皇帝アウグストゥスも二つの公共図書館を建設し、四世紀までにローマには二八もの公立の図書館が造られ、富裕な人たちは個人でも競って本を収集した。そのような個人の書庫の一つが、七九年のヴェスヴィオ火山の噴火によって埋もれ、一八世紀に発見されたヘルクラネウムの都市遺跡にある貴族の別荘群から見つかった。書庫から発見された多数のパピルスの巻子本は熱で炭化しており、膨大な時間と手間をかけて巻子本を開き、断片を読み解く作業が続けられてきたが、そのなかに哲学者エピクロスの著作と、前一世紀の彼の信奉者ピロデモスの文書が多数含まれていることがわかった。一九八〇年代の新たな発掘の成果をもとに、一九八九年に発表されたクヌート・クレーヴェの論文が研究者たちを興奮させた。ヘルクラネウムの書庫から、ついにルクレティウスの『事物の本性について』の断片を発見したとクレーヴェが報告したからである。しかし、クレーヴェが解読した一六の断片はどれもきわめて小さく、それらはルクレティウスのテクストとは一致しないと否定的な見解も出されている。いずれにせよ、一世紀のヘルクラネウムの貴族の別荘群の書庫に、ルクレティウスに関わりをもつテクストがあった可能性は高い。アウルス・ゲッリウスが、ルクレティウスを「才知と言葉遣いで卓越した詩人」(大西英文訳『アッティカの夜』第一巻第二一項第五節)と賞讃したように、続く二世紀にもムゥサの栄誉の花冠は彼の頭上に輝いているようだった。

快楽主義・無神論・神の怒り

エピクロス派への誹謗中傷

しかし、三世紀に入る頃には、ルクレティウスへの輝かしい評価が揺らぎ始める。それはルクレティウスが信奉したエピクロス派そのものに対する評価が、ローマ世界で大きく変わっていったことによるものである。ここでエピクロス派がたどった命運について述べておこう。三世紀に入ると、エピクロス派を取り巻く状況が変わり始めた。エピクロス派の哲学は、まだ多くの信奉者をもち、主要な哲学学派の一つではあった。三世紀前半のディオゲネス・ラエルティオスは、ほかの学派のほとんどすべてが絶えてしまった後も、エピクロスの学派は途切れることなく続いて、次々に学頭を輩出していると述べている（『ギリシア哲学者列伝』第一〇巻九）。しかし、ローマ世界に燎原の勢いで広がるキリスト教が、エピクロス派への批判を強めるようになってきた。

最初期の護教家ユスティノス（一〇〇頃—一六五頃）も、すでにエピクロスを淫蕩と快楽に耽った伝説のアッシリア王サルダナパロスや淫蕩な詩人ソタデスなどと同列に扱っている（『第二弁論』第七章、第一五章）。だが、初期の護教家たちがギリシア哲学をひとまとめにして批判する傾向があったのに対して、北アフリカ出身で最初のラテン教父とされるテルトゥリアヌス（一五五頃—二二〇頃）は、異端や異教に対する論争的著作を書き、狙い定めたようにエピクロス哲学の教説を個別に取り上げるようになった。テルトゥリアヌスは修辞学と法律について傑出した知識をもち、ストア哲学を学んでセネカを高く評価し、ストア哲学を援用しながら、哲学者や倫理学者の議論の弱さを批判して、啓示にもとづくキリスト教の真理を情熱的に擁護した。テルトゥリアヌスは、デモクリトスが女性を情欲の対象として見ないではいられず、その楽しみを自制できなかったために自分の眼をつぶして盲人となったという逸話をあげて、その性的放縦の倫理的弱点を衝こうとする(『護教論』第四六章一一節)。デモクリトスの倫理学では欲望の自制ができなかったのに対して、キリスト教徒はそのような情欲をもたなくなるのだ、と。ただし、このデモクリトスの逸話は明確な出典がほかにはない。エピクロス派を性的放縦だとする誹謗中傷は古くからあり、類似の噂話が広まっていたのだろう。その一世紀前にもプルタルコスが、デモクリトスは感覚から雑念を排するため視覚をみずから失ったという説を、根拠のない作り話であるとして否定している(『詮索好きについて』521D)。

テルトゥリアヌスは、キリスト教徒への迫害が不正であり、この世の法律が愚かで、地上の刑罰も短いものであると述べる文脈で、エピクロスを引き合いに出す。「それゆえ、エピクロスは、あらゆる責苦も苦痛も軽んじたのである。もし、それが軽いものならば見下せばよいし、それが重いものなら長くは続かないからと彼は主張している」(『護教論』第四五章第六節)。テルトゥリアヌスは、この引用に続いて、人間の死後には神による永遠の罰が待ちかまえているのであり、キリスト教徒だけがその罪を免れると論じる。エピクロスがこの世の刑罰を軽いとしたのはもっともだが、しかし、死後の魂の存在や永遠の罰を認めていない点では、決定的に誤っている、と。テルトゥリアヌスのこの議論の背後には、アフリカでキリスト教が急速に広まったため、新興のキリスト教徒が残虐な迫害を受けることになり、当時のアフリカ教会が多くの殉教者を出していた状況がある。テルトゥリアヌスにとって、エピクロス派との論争は、キリスト教の教義を体系的に確立するための思弁的議論ではなく、命をかけて信仰を証する覚悟を整える準備の一部となっていた。

キリスト教初期の寛容

死者の魂とからだの復活というキリスト教の核心的教義が、エピクロス哲学と根本的に相容れないことは、キリスト教の初代教会の時代から鮮明だった。使徒パウロがアテネでエピクロス派やストア派の哲学者と討論し、彼らも初めのうちは好奇心をもってパウロの話を聞いていたが、パウロが死者のなかからの復活の話をすると、「ある者はあざ笑い、ある者は、「いずれまた聞かせてもらうことにしよう」と言って去っていった」とされ、死者の復活の教説が決定的な分岐点となったと記されている(「使徒言行録」第一七章一六―三二節)。

しかし、だからといって、キリスト教徒たちが、最初からエピクロス派を全面否定していたわけではない。パウロ書簡における節制の勧めなどの倫理的勧告にかぎれば、エピクロス派の倫理的教説や表現とも一致することが指摘されている。また、キリスト教初期のギリシア教父たちは、異教の文化や伝統に対して寛容であり、ギリシア哲学がキリスト教の教えを受け入れるための予備教育にもなりうると考え、エピクロス派に対しても、ひとえに否定的態度をとっていたのではなかった。アレクサンドリアのクレメンス(一五〇頃―二一五頃)は、エピクロス派と肉体の快楽を最高善としたキュレネ派を同列にして批判する一方で、エピクロス派の合言葉であった「自足」や「心の平静」を賞讃している(『ストロマテイス』第六巻第二章 240A)。

最大のキリスト教教父と称されるオリゲネス(一八五頃―二五四頃)は、あらゆる形式の占い術を否定する論拠としてエピクロスを援用する(『ケルソス論駁』第七巻第三章)。オリゲネスの思想を汲むエウセビオス(二六三頃―三三九)も、エピクロスがギリシア文化の中で育ちながらも、あらゆる神託や占いなどを無益で有害であるとしたことを高く評価している(『福音の準備』第四巻第二章第一三節)。実は、テルトゥリアヌスも、イエスの人間性や肉体を仮のものとする仮現説を論駁する論拠として、「触れたり、触れられたりするということは物体でなければできないから」というルクレティウスのよく知られた言葉(一・三〇四)を引用している(『マルキオン論駁』第四巻第八章)。

キリスト教公認以後の異教徒批判

キリスト教擁護の立場から、エピクロス哲学を標的とする組織的な攻撃が本格化するのは、ローマ帝国によるキリスト教の公認以降のことだろう。キリスト教徒の最初のローマ皇帝となったコンスタンティヌス一世(在位三〇六―三三七年)は、神学者ラクタンティウス(二五〇頃―三二五頃)を、息子クリスプスの家庭教師に任命し(三一六年頃)、自身の宗教政策の助言者とした。ラクタンティウスは、テルトゥリアヌスと同じく北アフリカ生まれのラテン教父で、修辞学者のアルノビウスに師事して修辞学者となったが、師と同様に後にキリスト教に改宗すると(三〇〇年頃)、師と同じく護教家となって異教徒への批判を展開し、エピクロス派を厳しく断罪する一連の著作を書いた。ラクタンティウスは、護教論の展開において、アルノビウスと同様に聖書ではなく、ローマ世界でよく読まれていたラテン語の古典文学を典拠とした。ラクタンティウスは、とくにキケロの著作を頻繁に利用し、キケロ風の文体を用いたこともあって、「キリスト教徒のキケロ(Cicero Christianus)」とも呼ばれる。

ラクタンティウスの『神の怒りについて』は、ストア派とエピクロス派に向けられた批判の書で、エピクロス派の神理解を徹底的に否定した。エピクロスは、神が至福であるのは、神がいかなることについても配慮せず、関わりをもたないためと主張するが、神にいかなる意志も行動もふさわしい務めもないとすれば、実際には神は存在しないことになる。エピクロスは神々を存在しないと考えていた、というポセイドニオスの言葉がキケロによって伝えられているように、エピクロスは人々からの敵視を避けるために神々について言い繕ったにすぎない(第四章第七節)。そもそも宗教は畏怖なしには成立しない(第八章)。人間に恵みを与えない神というエピクロス派の考えは、宗教を根底から破壊する。もしもエピクロスが言うことを信じれば宗教は消えるとして、ラクタンティウスがエピクロスの言葉として引用するのは、ほかの箇所でもそうだが、実はルクレティウスの詩句である。「神々の本性は、われわれの世界から離れ、はるか彼方で不死の生を至高の平安とともに享受するものであり、いかなる苦痛も危険もなく自分の力だけで充足し、われわれを必要とせず、宥められることも怒りに染まることもない」と歌った詩の一節(『事物の本性について』一・四四―四九、二・六四六―六五一)が、エピクロスの言葉として引用されている(第八章第一節)。これに続けて、ラクタンティウスは、キケロのエピクロス批判の言葉を引用している(第八章第三節)。

もし、神が人間にたいして感謝や友愛を感じないとすれば、「神よさらば!」だ。神は誰にも好意を寄せることがないというのに、どうして「神様、どうぞよろしく」と言えようか。

(山下太郎訳、『神々の本性について』第一巻第四四章第一二四節、『キケロー選集』11、岩波書店、二〇〇〇年)

ここでもラクタンティウスが依拠するのはキケロであり、背信の民に対する神の怒りと厳しい裁きを語る「イザヤ書」や「アモス書」といった旧約聖書の預言書ではない。

また、エピクロスは神が誰かに害を及ぼすなら、その神は善い神ではないと主張するが、もしそうであれば、罪人に刑罰を科する法律や裁判官も有害であることになる。しかし、有害なのは、無辜の者に害を及ぼす者や、有害な者を罰せずに多数の人々に危害を及ぼすことを許す者の方である。罪人に刑罰を科する法律も裁判官も有害ではないから、神的な法を破る者に神が怒りを覚えるのも必然であり、その怒りは理性から生じるものであり、怒りによって罪が取り除かれ、放埒が抑制される(第一七章)。したがって、神には優しさはあるが怒りはないとするストア派もまた誤りである。神には怒りも優しさもなく、神が人間とは関わりをもたず、配慮をしないという考えは、無神論にほかならない。エピクロスの説く神の「無感動(アパテイア)」とは、「不動性(immobilitas)」として神の死にもつながる。

「設計からの論証」

さらに、ラクタンティウスは、神が世界を創造したのではないとするエピクロスの思想を批判する。エピクロスは世界が神の計らい(摂理、providentia)によって創造されたのではなく、原子が偶然に集結して形成されたと主張するが、では原子そのものはどこから来たのか。そもそも動物の身体は、偶然による配置ではなく、すべて計画性、秩序、有用性、美しさによって形づくられている。計画性や理性なく結集したものが、何らかの計画性や理性をもったものを形成することはできない。理性や技術は人間の似像や彫像を作り出すことができるが、その人間自身が無造作に寄せ集められた破片からできたと考えることもできない(第一〇章)。

この最後の批判はラクタンティウスのオリジナルではない。プラトンが『ティマイオス』で、宇宙は職人(デーミウールゴス)たる神が設計して創造したものであると述べたことを基礎にして、ストア派が展開した議論に由来しており、その出典もキケロである。キケロはストア派の哲学者バルブスの説として、世界が設計と合理的な秩序づけの産物であることを示唆する証拠は数知れずあり、そのような合理的秩序が偶然まかせの出来事の産物であるとみなす考え方は受け入れがたいと論じている。原子の偶然の衝突によって、この世で最も精妙で美しい宇宙が誕生したと考えることは、「黄金製であれ何であれ、二十一種類のアルファベットの文字を数えきれないほど集めて何かある容器の中に投げ込み、それらを攪拌して地面に投げ出すと、たとえばエンニウスの『年代記』のように、読者にとってちゃんと読める形になって並ぶ」と考えるようなものであり、幸運の助けを借りたとしてもたった一行の詩句さえまともにできないだろう、と(山下太郎訳『神々の本性について』第二巻第三七章第九三節)。

世界には規則性や合理的秩序が自然に存在することから、それぞれを秩序づけて目的に合わせて創った知性ある存在者の実在を論証する議論は、「設計からの論証(Arguments from Design)」と一般に呼ばれる。二世紀のアテネの哲学者でキリスト教徒になった初期の護教家アテナゴラスが、エピクロス派に対してすでにこの種の議論を用いて批判していた(『キリスト教徒のための嘆願書』第二五章)。ラクタンティウスは他の著作でも、この「設計からの論証」を用いて、エピクロスとルクレティウスを繰り返し批判する(『神の業について』第六章、『神的教理』第三巻第一四章)。「設計からの論証」は、アウグスティヌスも用い(『書簡』一一八)、中世ではトマス・アクィナスが神の目的論的な存在証明に用いたこと(『神学大全』第一部第二問第三項)がよく知られているように、原子論や機械論的自然観を批判するキリスト教思想家によって、その後も何世紀にもわたって、消えることのない木霊のように繰り返し援用されている。

ラクタンティウスは、神の摂理を否定することは神を否定することに等しく、神は世界を支配し、怒りもし、愛しもするのであり、裁きと救いをもたらす神への畏怖を通して宗教は成立すると主張した。ラクタンティウスは、キリスト教神学を初めて体系化したとされるが、それは異教や異端に対する神の怒りと罰を正当化することを含んでいる。四世紀半ば以降、ルクレティウスを読む者は無神論者で快楽主義者という烙印を押されることを覚悟しなければならなくなった。「媚薬を飲用して発狂し、自殺した」とヒエロニュムスが書いた(三八〇年頃)のは、まさにそのような時代が到来したことを告知する警鐘であった。エピクロスの教説を純粋に守るという学派の性格上、折衷主義とは無縁であったエピクロス派は、他の学派に取り入れられることもなく、四世紀の半ば以降、信奉者を失って急速に衰え、三九二年にテオドシウス帝によってキリスト教がローマ帝国の国教とされたこともあり、四世紀末には学派としての終焉を迎えた。

異教の古典文学の行方

生き延びたルクレティウス

キリスト教化されたローマ社会でも、古典文化と知的伝統そのものは根強く、学校教育において教育の基礎的資料とされたのは聖書ではなく、伝統的な異教の古典文学であった。古典的な修辞学が尊重され、そのため選ばれた古典文学は、キリスト教化されたローマでも学校教育の教科書として生き延びることができた(L・D・レイノルズ、N・G・ウィルソン『古典の継承者たち――ギリシア・ラテン語テクストの伝承にみる文化史』を参照)。ヒエロニュムスは、ルクレティウスの詩のコメンタリーがあったことを示唆しているが、キリスト教にもストア派にも嫌悪されたルクレティウスの詩が学校の教科書にされることはなかっただろう。

ただし、文法学者の文法書の例文集には、ルクレティウスの詩の短い引用が残されている。五世紀後半から六世紀の前半に活躍したラテン語の文法学者プリスキアヌスが書いた『文法提要』は、学校で長く使われたラテン語文法の教科書だが、古典作品からの引用例に富み、出典箇所を明記したルクレティウスからの短い引用が、多数含まれている。しかし、時代を経るにつれて、キリスト教徒たちは、古典作品を読むことには興味を失い、そのため古典作品の新たな写本の作成が行なわれずに、教科書に選定されなかった多くの古典作品は、戦争と破壊の時代を生き延びることができなかった。

六世紀になると、戦争と異民族の侵入がもたらした荒廃によって、学問と文化の衰退はますます深刻になった。五二九年に東ローマ帝国皇帝ユスティニアヌス一世がアテナイの学園アカデメイアを閉鎖したことに象徴されるように、ローマ帝国の東側の地域で古代の古典教育を担っていたアンティオキア、ベイルート、ガザにあった大学も次々と閉校に追いこまれた。また、西ローマ帝国を引き継いだ東ゴート王国や北アフリカを支配したヴァンダル王国がユスティニアヌス一世によって滅ぼされると、ローマ帝国の西側の地域でも、古典文化の衰退は劇的に進んだ。教育と書籍の管理は急速に教会に移り、残存していた古典書籍は、大学や公立の図書館や個人のコレクションから、難を逃れて修道院の図書館や文書室に搬入されるようになった。

五二九年頃にヌルシアのベネディクトゥスが、モンテ・カッシーノの修道院を創立して、西洋の修道院の基礎をつくった。このベネディクト派の修道院が、会則で毎日の読書を義務づけたことが、その後の修道院における書籍の収集と写本作成に大きく寄与することになる。五四〇年頃には、カッシオドロスがイタリア南端にヴィヴァリウム修道院を設立し、図書館を設けて、教育と写本の作成を重視させた。また、古典文化の大きな危機を迎えたこの時代に、古典文化の継承に重要な役割を果たしたのが、先に述べたセビリャのイシドルスである。イシドルスは、西ゴート王がアリウス派からカトリックに改宗することにも影響を与え、セビリャ大司教を三〇年以上務めて、修道院を保護し、すべての大聖堂に神学校を設立することを義務づけ、自由七学科の教育に力を注いだ。無神論の烙印を押されたルクレティウスのテクストが、皮肉にもキリスト教修道院の図書館によって伝承されたのは、その場所だけが古典書籍を滅びから守ることのできた唯一で最後の砦であったからである。

しかし、修道院に持ちこまれた古典書籍の多くも受難を免れなかった。その大きな要因の一つは、書籍がかつてのようにパピルス紙を巻物状に継ぎ合わせた巻子本から、羊皮紙を用いた「冊子本(コーデックス)」になっていたことが挙げられる。羊皮紙は高価で貴重であったため、誰にも読まれなくなった古典写本は分解され、オレンジの汁と海綿で文字を脱色して消し去り、表面を軽石の粉で削ったうえで、再利用写本(パリンプセスト)として祈禱書などに利用されてしまったからである。学校の教科書にもならず、擁護する学派も存在せず、快楽主義で無神論のレッテルを貼られたルクレティウスの作品が、どうして過酷な書物の淘汰の時代を生き延びることができたのだろうか。

美しい韻律

一つの理由は、ルクレティウスの作品が、技巧の粋を尽くした美しい詩であったことであろう。ルクレティウスの七四〇〇行に及ぶ作品の一行一行のすべてが、厳格な六脚韻のヘクサメトロスの詩形に従って書かれている。しばしば頭韻を用い、事柄の重厚もしくは緩慢な趣きを伝えるには長長のリズム（スポンデイオス）を、速やかな動きを表現するにあたっては長短短のリズム（ダクテュロス）を用い、語の入念な選択を行ない、いたるところにキケロの言う技巧（ars）の駆使がみられる（藤澤令夫「憂愁の宇宙論詩」二〇二頁）。詩の韻律があるために、テクストは容易な改変を許さないし、ラテン語の用例として文法書にも引用されているので、完成度の高い作品を正しく書写することは、ラテン語の訓練にもなると考えられていただろう。古典作品のなかでも、散文は詩ほど幸運には恵まれずに、消滅したものが数多い。散文で書かれたエピクロスの『自然について』は失われたが、ルクレティウスの詩は残ったのである。

もう一つの理由は、古典テクストを滅びから救ってその受け皿となった修道院や大聖堂付属学校に、イシドルス（六―七世紀）やラバヌス（八―九世紀）のように、異教の古典作品の価値を理解し、自然哲学を含む古代の学識に関心をもつ、寛容で卓越した知識人がいたことが挙げられる。中世の時代にも一〇世紀までは、ルクレティウスの写本の作成が修道院の写字室で行なわれたのであり、キリスト教教父の時代から一二世紀に至るまで、細々であっても彼の詩について言及がなされている。「一二世紀ルネサンス」を主導したシャルトル学派のコンシュのギヨーム（一〇八〇頃―一一五四頃）も、彼の著作

『宇宙の哲学』とその増補改訂版『ドラグマティコン』で、ルクレティウスの一節(二・八八八)を引用している。ギヨームは、いかなる哲学的教説にもある程度の真理が含まれているとして、原子論を次のように評価している。

エピクロス派が、世界はアトムからできていると言ったとき、彼らは正しかった。しかし、彼らが、それらのアトムには始まりがなく、空虚のなかをばらばらにあちこち飛んで、ひとりでに四つの主要な物体を形成したのだと主張したときには作り話だとみなさなければならない。というのは、神を除いて、何ものも始まりや役割なしには存在できないからである。それゆえ、神はそれらの原子をばらばらにではなく、われわれが現に説明したように、一つの全体を構成するものとして同時に創造したのである。

(『ドラグマティコン』第一巻第六章第八—九節)

しかし、一二世紀のギヨームは、ルクレティウスの作品そのものを読むことはできなかった。原子論についての彼の知識は、キケロ、ウェルギリウス、プリスキアヌス、イシドルスからの引用で成り立っていた。そして、一三世紀になるとルクレティウスやエピクロスは、もはや中世の原子論の主役でもなくなる。アラビア語訳やギリシア語からラテン語に新たに翻訳されたアリストテレスの著作が導入されると、『自然学』『生成と消滅について』『天体について』で数多く引用されるデモクリトスが、原子論の教説の主役にとって代わるからである。一四世紀の原子論にかかわる議論は、アリストテレスの原子論批判への応答が主要なテーマになり、ルクレティウスはまったく顧みられなくなっていた。それゆえ、一四一七年のポッジョによる失われていたテクストの発見は、死者の復活の出来事のような驚きを人々に与えたことだろう。一四五三年にはコンスタンティノープルを首都とした東ローマ帝国(ビザンツ帝国)がオスマン帝国によって滅ぼされ、千年続いたヨーロッパ中世がついに終わりを告げる。近世の黎明期にルクレティウスの写本が再発見されたことは、歴史の偶然といえども、この書に与えられた運命を思わざるをえない。

コスモロジーと原子論の変容

原子論の復興と異端審問

『事物の本性について』は、一六世紀の初めにフィレンツェでは教会会議によって学校で読むことを禁じられたが、ローマ教会の禁書目録には一度も載せられることはなく、その後もイタリア全土で広く読まれ、その出版はヨーロッパの各地で絶えることなく続いた。また、エピクロスの伝記と彼の三つの書簡を含むディオゲネス・ラエルティオスの『ギリシア哲学者列伝』の写本が、一四一六年にコンスタンティノープルからもたらされる。一四三三年にはベネディクト派の流れをくむカマルドリ会の修道会士で高名な人文主義者アンブロージョ・トラヴェルサーリ(一三八六—一四三九)によって初めてラテン語に翻訳され、コジモに献呈されていた。その翻訳はすぐに広く回覧されるようになり、一五世紀に作成されたその写本は四八冊が現存し、一四七二―九七年の間に異なる七つの印刷版が出版されている。一五三三年にはフロベニウスによるラテン語とギリシア語の対訳版も出された。再発見されたルクレティウスと新たに翻訳されたエピクロスのテクストによって、原子論と無限宇宙の考え方が思想家たちを刺激し、新たな哲学が胚胎して、中世を支配していた世界観を根底から揺さぶり始める。

しかし、原子論の復興や新しい思想の胎動とは裏腹に、一六世紀のイタリアの政治経済は、内部抗争とフランスやスペイン等の諸外国からの度重なる侵略を受けて衰退し、イタリア・ルネサンスは円熟期から終焉に向かっていた。一五二七年には、神聖ローマ帝国軍の攻撃によってローマは略奪され壊滅的打撃を受ける(ローマ劫掠《ごうりゃく》)。また、宗教改革に呼応して、ローマ教会ではカトリック改革運動が起こるが、それに反発してイエズス会を背景とする対抗宗教改革運動の強硬派が、次第にローマ教皇庁内にも勢力を増すようになる。スペインを本拠地とするイエズス会が一五四〇年にローマ教皇から公認を受けると、一五世紀から開始されていたスペインの異端審問所を範とし、ローマ異端審問所が一五四二年に開設され、以降イタリア各地に次々と審問所が設けられ、思想統制が強化されていく。禁書目録への記載が増え、思想家や宗教者までもが異端者として捕らえられて、極刑に処せられる時代になった。ドミニコ会の修道士だったジョルダーノ・ブルーノ(一五四八―一六〇〇)も、異端の嫌疑をかけられて修道院を追われ、アリストテレス哲学を批判して原子論に近い立場をとったため、思想統制の犠牲となり、焚刑に処せられた。

ブルーノの無限宇宙論

ブルーノは、中世を支配した宇宙像、すなわちプトレマイオスによって数学的に補強されたアリストテレスの宇宙論を基礎とするキリスト教的世界観――有限かつ定常的で階層的秩序をもった宇宙（コスモス）――に挑んで、コペルニクスの地動説を採用し、原子論の立場から無限宇宙論と複数世界説を主張した。コペルニクスが描いたのは太陽を中心とする有限の世界で、恒星天球という球に囲まれた有限宇宙である。また、無限宇宙論には、宇宙は限界をもたないと論じたニコラウス・クザーヌスや、神の創造の有限性を否定するマルケルス・パリンゲニウスといった先駆者もいたが、ブルーノは、コペルニクスの地動説を採ったうえで、無限宇宙論と原子論とを結合させた最初の哲学者であった。ブルーノは、宇宙が無限であって、中心もなく、縁もないとして、空間の無限性を明確に主張している。

それ故、天の彼方に場所、空虚、時間が存在するかと訊ねる必要はない。なぜならば、ただ一つの普遍的場所、果しない空間があるのみで、これを空虚と呼んでも一向に差支えないのだから。そこには我々が生れ育っているこの地球同様、無数にして無限の天体が存在しているのです。この空間を我々は無限と言います。というのもそれが有限でなければならぬような都合も、理由も、可能性もなければ、そう感ぜられもせず、そのような性質もないからです。そのなかにはこの世界と類似の世界が無数にあって、それらはこの世界と異種のものではない。理においても自然の能力にかけても、つまり受動力でも活動力でも、何一つ欠けるところはありません。我々が存在しているこの空間のなかにあるものは、これと何ら異なることのない本性を具えた他のあらゆる空間のなかにも同様に存在しているのですから。

（清水純一訳、ブルーノ『無限、宇宙および諸世界について』岩波文庫、一九八二年、二二九頁）

アリストテレスの宇宙論では、宇宙は唯一とされ、この地球を宇宙の中心とし、月下世界と天体界が明確に区別され、前者では火・土・水等の上下運動を基本とし、惑星圏と恒星圏をもつ天体界では、天体が永遠に連続する斉一な円運動を行ない、その天体界のさらに上に不動の第一動者たる神が永遠の生命をもって座している。これに対して、ブルーノは月下の世界と天体界はまったく同質であり、われわれの世界では太陽の周りを七つの惑星が回転しているように、宇宙のいたるところで、それぞれの太陽の周りをあらゆる惑星が回転していると主張した。宇宙は有限でこの世界を唯一とみなす旧来の主張に対して、ブルーノは反論としてルクレティウスを引用する。

われらにとって第一は、全宇宙にわたっていかなる所においても、右にも左にも、上にも下にも、いずれの方向にも限りがないこと、私が教え、事実そのものが声をあげ、深遠なる自然が明らかにするように。
さらに、無限の虚空間があらゆる方向に拡がり、
無数の原子が、測りがたき深遠なる宇宙全体を
不断の運動に駆られて、あまたの仕方で飛び回わるからには、
この一つの大地と天空を造っただけで、
この外にあるいっさいの物体の原子は何もしないと考えてはならない。
わけてもこの世界が自然によって造られ、
事物の原子そのものがひとりでに偶然にぶつかり合い、
多くの仕方で、でたらめに、むなしく、無益に衝突を重ねたあげく、
ついに、それらの原子が突然に激しくぶつかり合って結合したときに
大きな事物の、つまり、大地や海や天空やさまざまな生き物の種族の基を
築くことができたのだから。
それゆえ、私は繰り返して言う、
どこか別の場所に、アイテールがむさぼるようにして包み込んでいる
この世界と同じような物質の塊からなる世界が数多くあることを。

（二・一〇四八―一〇六六）

禁書扱いを逃れた理由

なぜローマ教会は、異端者ブルーノが自説の根拠としたルクレティウスの詩を禁書にしなかったのだろうか。一つの理由は、ルクレティウスの読者が、思想弾圧の危険を察知し、教会からの厳しい検閲や譴責を逃れるために、自分たちの著作に対してみずから事前検閲を慎重に行なったことが挙げられる。たとえば、ルクレティウスからの引用の多い著作には、魂を死すべきものとするルクレティウスの教説を明確に否定するプラトンの魂論を巻末の付録につけて出版したり、引用されたルクレティウスの詩行を、あたかもキリスト教徒詩人ダンテを予言するものに改変するようなことが行なわれた。

ちなみにダンテは、地獄の九つの階層のうち最上部の第一圏(辺獄)から下ること六番目に位置する異教・異端者たちの墓にエピクロスの魂と身体を埋めている(『神曲』「地獄篇」第一〇歌)。ダンテは案内するウェルギリウスと次のような問答をしている。

「先生、先生は神を畏れぬ者どもが堕ちたあたりをまわって/私を案内してくださいますが、もしよろしければ、/私の願いを満たすようお話してくださいませんか?/この墓に横たわっている人々を/見ることはできますか? もう蓋はみな/持ち上がっています、それなのに誰も番をしていません」

すると彼がいった、「みな〔最後の審判がすんで〕/地上に残してきた骸《むくろ》をつけ/ヨシヤパテから戻

図 12——ダンテ・アリギエーリ『神曲』装飾写本．プリアーモ・デッラ・クェルチャ作画，「ディーテ城内の墓地」(1442-50年)．大英図書館蔵．

るとその中に閉じ込められるはずだ。／墓地の手前の方の区劃には／霊魂は肉体とともに死滅すると説いた／エピクロスやその派の者が埋められている。

（平川祐弘訳『神曲』「地獄篇」第一〇歌四―一五、河出書房新社、二〇一〇年）

一七世紀半ばになっても、アレッサンドロ・マルケッティの手になるイタリア語のルクレティウスの詩の翻訳は、大量に出回る見込みがあったために出版されなかった。

禁書にならなかったもう一つの理由は、そのような自己検閲の成果もあってか、ブルーノたちを迫害したイエズス会のなかにも、ルクレティウスを高く評価する学者や聖職者が出てきたことが挙げられるだろう。たとえば、イエズス会修道士で、ローマ教会の高位の聖職者アントニオ・ポッセヴィーノは、反宗教改革の正統派に受け入れられる書籍のリスト(*Bibliotheca selecta*，一五九三年)を作り、エピクロス哲学を批判しながらも、ルクレティウスの詩の文学的・

倫理的価値を高く賞讃している。そして、それらの理由の根底には、ルクレティウスが、原子と空虚の二つの原理だけで、自然科学が対象とするあらゆる分野の現象や出来事——栄養摂取、知覚、精神病、遺伝、四季と食、天体やコスモロジー、雷や雲などの気象現象、磁石の働き、動物と植物の発生と進化、毒や疫病など——をみごとに合理的に説明していることへの人々の驚嘆があったのではないだろうか。

一方、ブルーノはカトリックの対抗宗教改革の思想統制に反抗しただけではない。逃亡先のジュネーヴを支配していたプロテスタントのカルヴァン派とも激しく対立して、裁判沙汰になって追われるなど、新旧問わずキリスト教会の閉ざされた権威主義的思考に対して、遠慮のない辛辣な批判を繰り広げた。彼はオックスフォード大学の神学者とも公開討論し、激烈な批判の書を著わし、論争と批判に明け暮れ、一五年にも及ぶ異郷での逃亡と放浪の生活を送った。ブルーノは閉ざされた宇宙観を否定するだけではなく、時代や社会の矛盾を風刺し笑いとばす喜劇作品も書いている。ヨーロッパ文化やキリスト教の普遍性を相対化し、中国を独自の歴史をもつ文明として、キリスト教の歴史によって説明できない文化の存在と多様性を認めたように、社会に対しても寛容で開かれた視座をもっていた。世界の複数性や文化の多様性を認めることは、普遍宗教としてのキリスト教を否定する危険思想とされ、ブルーノは異端とみなされて孤立し、信奉者よりもはるかに多くの敵をつくり、悲劇的な死を招くことになった。

哲学者たちの原子論への接近

ブルーノが焚刑に処された翌一六〇一年に、イギリスの自然哲学者ニコラス・ヒル（一五七〇―一六一〇頃）は、ブルーノへの讃辞を意図して、五〇九の自然哲学の命題を論じた著作『エピクロス哲学』をパリで出版した。彼はブルーノとルクレティウスの原子論を採用し、物質の永遠性、無限宇宙、複数世界の教説を受け入れた。ただし、ヒルは用心深く、自分の考えは試案にすぎず、カトリックの信仰に反する場合にはその見解を捨て去る用意があることをつけ加えるのを忘れなかった。ヒルの著作は出版当初はほとんど注目されなかったが、ロバート・バートン（一五七七―一六四〇）が『メランコリーの解剖学』（一六三八年版）でヒルの著作について論じてからは、より広範に読まれ引用されるようになった。「小デモクリトス（Democritus Junior）」をペンネームとしたバートン自身は、原子論の信奉者ではなかったが、ルクレティウスの詩を自由に引用して、とくに死を恐れる人間のみじめな状態と愚かな行為を描き出している。

彼らとほぼ同時代人のフランシス・ベーコン（一五六一―一六二六）も、一六〇五―一二年の著作では、原子論に強く惹かれていることを認めている。「デモクリトスの原子論は真実であり、証明に役立つ」（*Cogitationes de natura rerum*, 一六〇五年）とし、ルクレティウスから多くの引用をしたうえで、「デモクリトスの哲学は無視から救う価値がある」（*De principiis atque originibus*, 一六一二年頃）と記している。『ノヴム・オルガヌム』（一六二〇年）でも、ベーコンは自然を抽象するアリストテレス的方法よりも、デモクリトス派の自然を分解する方法を推奨している（第一巻第五一節）。

しかし、ベーコンは晩年になって原子論を放棄する。彼はルクレティウスの主要な信条であるアトムの「逸れ(クリナメン)」を斥けた。すべてのものは神の摂理によって秩序づけられているため、アトムの気紛れな逸れは認められないという。ベーコンは、自身の著作の中で二度、『事物の本性について』第二巻一一一〇の「愉しや、嵐の海に」で始まる序歌を引用している。『学問の進歩』(一六〇五年)では知識と知識の歓びを讃えるために引用されているが、最晩年の『真理について』(一六二五年)では、序歌を引用した後に、「ただし、それはつねにこうした眺めが高慢とか誇りとかではなく、憐れみを伴う限りのことである。確かに、人間の心が慈愛のために動き、摂理に安んじ、真理の両極を軸として廻るようになるならば、それは地上の天国である」(渡辺義雄訳『ベーコン随筆集』岩波文庫、一九八三年、一九頁)という言葉をつけ加えている。つまり、ルクレティウスが斥けた「摂理」という言葉を意図的に付加している。ブルーノの事件が暗い影を落としていたのか、死期が近づき、ハデス(冥界)のことが前よりもよく見えるからだろうか(プラトン『国家』330E)。ベーコンはコペルニクスの天動説も無限宇宙論も退けている。

ブルーノが擁護した世界の複数性の教説は、当時のキリスト教徒にとっては、地球の重要性や聖なる救済の歴史に関して、困惑を引き起こすものであった。紀元一世紀にパレスティナのユダヤ地方で活動した人物とされる「歴史的イエス」が訪れたことのない別の世界にも、知的生命体が存在している可能性が出てくるからである。にもかかわらず、惑星間旅行の物語や新しい世界の発見のファンタジーが一七世紀を通じて現われた。代表的作品として、ジョン・ウィルキンズの『月の世界の発見』

(一六三八年)、ピエール・ボレル『世界の複数性を証明する新しい方法』(一六五七年)、シラノ・ド・ベルジュラック『月の国家と帝国』(一六五七年)、ベルナール・フォントネル『世界の複数性についての対話』(一六八六年)、クリスティアーン・ホイヘンスの『コスモテオロス』(一六九八年)などを挙げることができる。

ガッサンディによるエピクロス哲学の再興

しかし、プラトンやアリストテレスの形而上学や自然哲学に影響を受け、神の摂理の教義を基礎とし、物質主義を批判するキリスト教文化のなかで、原子論のアイデアを公に受容するためには、原子論そのものを抜本的に改変する必要があった。エピクロス哲学を再評価し、キリスト教文化のなかで受容可能な仕方で原子論を再構築し、自然学理論として復活させたのが、哲学者で司祭でもあったピエール・ガッサンディ(一五九二—一六五五)である。

ガッサンディは、アリストテレス哲学のスコラ学的な研究に飽き足りず、当初はアリストテレス主義の論駁を意図してエピクロスの研究を始めたが、次第にエピクロス哲学がアリストテレスに匹敵する哲学体系であると考えるようになる。カトリックの正統な信仰に立ちながらも、エピクロスの倫理学を擁護して、過度な快楽主義者という古来の悪評から救い、エピクロス哲学の体系的な復興を生涯の課題とした。彼はエピクロスの基本資料となるディオゲネス・ラエルティオス『ギリシア哲学者列伝』第一〇巻の「エピクロス」の章の詳細な文献学的注釈を書き、全三巻二〇三〇頁にも及ぶ『ディオゲネス・ラエルティオスの第一〇巻注解』(一六四九年)として出版した。

しかし、ガッサンディは、その内容には満足できずに、その後も注釈書の内容を改訂して、他の哲学者たちの議論を参照しながら、エピクロス哲学の再興につとめる研究を続け、その成果は彼の死後、『哲学集成』(一六五八年)として出版された。その著作は、エピクロス哲学の伝統的構成に即した、規準論(論理学)、自然学、倫理学の三部門に分けられ、エピクロス哲学を体系的に再構築したもので、ルクレティウスからの数多くの長い引用が含まれている。

ガッサンディによる自然現象の機械論的説明は、ルクレティウスのものとおおむね一致している。ガッサンディが論敵としたデカルトは、物質は無限に分割することが可能であると主張した。どのような力をもってしてもそれ以上に分割できない最小の物体を想定することは、人間が想像することは何でもなしえる神の全能の力と矛盾するとして、アトムの存在を否定したのである。ガッサンディはデカルトとは異なり、自然現象を説明するために、それ以上には分割されえない最小の微小物体の存在を認めて、目には見えない微小物体の結合、運動、相互作用というエピクロス哲学の概念を保持する。さらに、ガッサンディは、エピクロスの穏健な快楽主義を擁護し、ストア派からの誹謗中傷に対しても弁護した。

最重要原理の否定

しかし、ガッサンディは、エピクロスのコスモロジーの根本にある最も重要な原理を否定する。ガッサンディは、「無からは何ものも生まれない」というパルメニデス以来の根本格率を否定し、神が宇宙を創造したのではないとする教義を退け、神がこの宇宙を無から創造し、無から原子と空虚を創造したという考え方を採用する。それはコンシュのギヨームが『ドラグマティコン』で表明していたエピクロス派に対する反論と軌を一にする。彼はギヨームの言葉をアネポニュマスの名で引用して賛意を示した。

アトムが事物の物質的構成要素（原理）として、すなわち、物質の第一次的な形態として認められたことは明らかである。したがって、アトムが万物の第一次的で普遍的な物質であると主張する人々を他のどのような人々よりも推奨することを我々の結論として提出するために、私は喜んでアネポニュマスの言葉で始めることとする。〔中略〕それゆえこの理論を推奨するためには、第一にアトムが永遠であり創造されたのではないとする考えを拒絶すべきであり、また、アトムの数が無限であり、いかなる形をも取りうるという考えを拒絶すべきであると宣言する。いったんそれがなされるならば、アトムが物質の第一次的な形態であり、それらを神が最初から有限なものとして創造し、神がそれらを目に見える世界に形づくり、最後に神が宇宙に存在するあらゆる物体の変換を受けることを命じ許したということを認めることができる。〔中略〕次に、アトムがインペトゥス、すなわち、自分で自分を動かす力を自然本性的に内在させているという考えを拒絶し、また、その結果として、アトムがあらゆる時間において、いかなる方向にもさまようことができる運動をもつという考えも拒絶しなければならない。神が最初の創造の時に、アトムに吹き込んだ運動と作用の力からアトムが動き作用することは認められるだろう。それらは神の承認にしたがって機能する。神は万物を維持するように、万物を服従させるからである。

(Opera Omnia, vol. I, 279–280)

ガッサンディは、ルクレティウスの詩から神の世界創造を否定する八つの論点を抜き出して、それらに反論を述べている。たとえば、神が人間の感謝から益を得ることはないのだから世界を創造する理由がないという論点に対しては、世界の創造の理由は、神にとっての益ではなく、神の善意にあるといった反論である(Opera Omnia, vol. I, 319)。また、神がアトムと空虚を無から創造したのであるから、アトムが永遠に存在しているというエピクロスの教義も否定されることになる。さらに、宇宙が無限であること、世界が複数あること、アトムの数と形が無限であること、世界における秩序の原因が完全に自然によるものであること、世界が神的摂理によって支配されていないこと、この世界も他の自然物と同じようにいつかは終焉を迎えることなどのエピクロスの教義はことごとく否定される。なぜなら、それらはいずれも全能の神の力に制限をかけることになるからである。

たとえば、もし、宇宙や原子が無限であれば、限りなくどこまでも広がり続ける空間や物質を支配し尽くすことはできないであろうから、それらを支配する神の力に限界があることになってしまう。しかし、神は万物の第一の原因であるべきであり、全世界を支配していなければならないのであるから、宇宙やアトムの無限性や世界の複数性は認められないことになる。

ガッサンディによれば、エピクロスはラクタンティウスが論じたような無神論者ではない。エピクロスの神々は、キリスト教の全能の神ではなく、自然の力に対して限界をもつ、ギリシアの神々である。つまり、エピクロスの神の概念は、無神論者の悪意があるのではなく、誤りなのである。ガッサンディはエピクロス派から無神論というレッテルを剝がすために、その神概念を慎重に批判していると言えるだろう。さらに、神は宇宙を創造しただけで、その後は世界に対して無関心である可能性もガッサンディは次のように述べて否定している。

世界は、光がその光源に依存するのと少しも劣らずに確実に、その創造者に依存している。それゆえ、光を造った太陽なしには光は維持されえないように、世界を造った神なしに世界は保持されえない。〔中略〕神なくしては無に帰するこの世界は、神なしで存続し自立できるようなものをなにものもみずからにもち合わせていない。それゆえ、太陽が光の原因であるよりも、いっそう神は世界の原因である。したがって、もし太陽が注ぎ入れるのをやめれば、光は消えるのであるから、もしも、神が恵み深く支配することをやめれば世界は無に帰するだろう。

(Opera Omnia, vol. I, 323)

魂の不死と非物質性

ガッサンディに最後に残された厄介な問題は、魂の死と消滅を説くエピクロスの教説の取り扱いである。彼は、エピクロスの機械論的説明に制限を設けて、神と天使と人間の魂に関しては、機械論的説明が適用されないとして、魂の不死と非物質性を主張した。魂の本性を論じるにあたっては、ルクレティウスが行なったアニマとアニムスの区別(三・九四—一七六)を採用している。アニマはそれによって栄養摂取を行なったり感覚したりする部分で、アニムスは理性を司る部分である。ガッサンディは、アニマが全身にゆきわたっているとする点でルクレティウスに同意するが、アニムスを胸ではなく、頭部に位置づける。アニマは微細な原子からなる物質であるとし、それは他の動物にも共通するものとするが、しかし、ルクレティウスと異なり、人間だけがもつアニムスは神が無から創造した非物質的な存在であり、不死であると論じている。空虚以外のものはすべて物質(アトム)でしかないとしたエピクロスの根本原理が、ここでも破られている。

ガッサンディは、エピクロスが否定した「無からの創造」「神の摂理」「魂の不死」「原子と空虚とは異なる第三の実体」「神の自然現象への介入と人間への特別な関心」をことごとく肯定し、古代原子論の根本的な書き換えを行なった。彼はエピクロス主義に洗礼を与えたとも言われるが、それが当てはまるのは「洗礼」が最も重い意味において、つまり世界観の根本的転回までを意味する場合であろう。

科学史家のアレクサンドル・コイレは、ガッサンディが古代の原子論を新たに再生させることによって近代科学に哲学的な基礎を与えたけれども、近代科学はガッサンディが知らなかった原子論と数学の統合をとげたものであり、ガリレオとデカルトの伝統が表わしているのがまさにそれであり、その二つの潮流の統合が、数学的自然学というアイザック・ニュートン(一六四三―一七二七)の統合を生み出したという。しかし、ホッブズやロック、そして、ボイルやニュートンに影響を与えたのはガッサンディが再構築した原子論であるように思われる。

ホッブズへの影響

ガッサンディの思想を、イギリスの知識人に伝える役割を担った知的サークルがあった。ピューリタン革命の難を逃れて、王党派としてパリに亡命していた第三代デヴォンシャー伯ウィリアム・キャベンディッシュと弟で数学者のチャールズと、ウィリアムの妻となった作家のマーガレットは、一六三〇年代にキャベンディッシュ・サークルと呼ばれる重要な知的サロンを開いていた。そのサロンには、デカルト、ガッサンディ、メルセンヌといった哲学者が集まり、原子論についての論争を交わしていた。そこにはトマス・ホッブズ(一五八八―一六七九)も含まれていた。ホッブズがウィリアム・キャベンディッシュの家庭教師をつとめていたときのことである。ホッブズは、一六三五年から二年間、パリに滞在してガッサンディ、デカルト、ガリレオの思想を取り入れたと言われる。一六四〇年にもイングランドからフランスに亡命したホッブズは、マラン・メルセンヌを中心とするサークルのメンバーとなり、デカルト、ガッサンディやその他の自然学者と議論している。

ホッブズを原子論者とみなすことはできない。ホッブズは、空虚の存在を論証するルクレティウスの論拠を批判し、空間そのものが流動的であれば空虚を認める必要がないとして、空虚の存在を否定するからである(ホッブズ『物体論』第四部第二六章第三節)。しかし、ホッブズは神をも含めて、すべてのものが物体であると考えるようになった。彼は神が物質に一定量の運動を与えた後は、物質の機械論的な自己運動によって世界の全体系が生じるとするホッブズ主義という立場を生み出すことになる。

また、ガッサンディの影響を強く受けた一七世紀の人物として、医師で思想家のウォルター・チャールトン(一六一九―一七〇七)を挙げなければならない。チャールトンは、ガッサンディのエピクロス哲学の『注解』をもとに、同時代の自然哲学の内容を追加して、『エピクロス―ガッサンディ―チャールトンの自然学』(一六五四年)を出版した。若きニュートンがケンブリッジで一六六四年頃から書き始めた『若干の哲学的疑問』は、デカルト、ガリレオ、ボイル、ホッブズ、ヘンリー・モアなどの著作からの抜き書きとみずからの思索を書き留めたものであるが、原子論についてはチャールトンが『自然学』に記したガッサンディの著作の英訳が使われている。

近代化学への接近

ガッサンディがターニングポイントになって、一七世紀後半の自然哲学は、ルクレティウスへの関心を高めた。近代化学の父ロバート・ボイル(一六二七―九一)は、若き日に書いた未刊の草稿「原子論哲学について」に、後の彼の粒子論哲学の出発点を記している。古代の原子論者たちが野蛮人の蛮行によってローマから追放されたが、ガッサンディたちのおかげで、公平で探究的な自分たちの時代に復活を遂げたと彼は次のように述べている。

そして特に磁気的・電気的作用を扱っている他の多くの著作家の学識ある筆によって、原子論哲学はヨーロッパの各地できわめて首尾よく復興され、きわめて巧妙に世に知らされたので、今ではもはや笑殺するにはあまりにも重要なもの、真摯な探究に価する重要なものとなった。

（吉本秀之訳、ボイル「原子論哲学について」三二三頁）

ボイルもガッサンディのように、神が世界を創造する際に物質粒子を創造したとする。さらに、ボイルは、神がそれらに運動や方向づけを与え、物質粒子から構成されるように世界を設計し、運動の諸規則と自然法則の秩序を確立したとする。宇宙と最初の動植物の種子が神によって創られた後も、神による不断の働きかけと普遍的摂理によって、運動法則が保持されているので、世界の諸現象は物質的粒子の機械的作用と相互作用によって、自然的に生み出されることになる。自然現象を理解するためには、粒子の相互作用の様式や過程を理解できなければならない。そのためには自然を模倣する実験が重要になる。ボイルは、古代の原子論から区別するために、みずからの原子論をアナクサゴラス的機械論的原子論と呼んだ。

前五世紀の自然哲学者アナクサゴラスは、たとえば肉や骨や髪を無限に分割しても、肉や骨や髪であることを止めることはなく、それぞれは異なった性質をもつ種子からなると考えた。万物の始源においては、すべての種子が混在していたが、始動因としての「ヌース(知性)」が回転運動を引き起こすと、それぞれの種子の分離が始まり、事物が互いに区別され、世界の秩序がつくり出されたと主張した。ヌースが与えた運動によって万物の種子から世界の秩序が生み出されるとしたアナクサゴラスの構想に、ボイルは自説との親近性を見出したのであろう。

ニュートン、そして新しい時代へ

ニュートンは、学生時代から原子論に興味をもっていた。上述のトリニティ・カレッジ時代につけていたノート『若干の哲学的疑問』には、彼が空虚とアトムの存在証明を試みていたことが記されている。ニュートンは、ガッサンディとボイルの双方から影響を受けていたが、ルクレティウスも読んでいた。ニュートンの物理学もまた原子論的である。ニュートンの出版されていない科学論文のなかに、「慣性の法則についての断片」があり、そのなかで、運動の第一法則を古代人に帰して、ルクレティウスに二度言及している。彼の弟子のグレゴリーのノートには、ニュートンが「エピクロスとルクレティウスの哲学は真実で古いが、しかし、古代人によって誤って無神論と解釈された」と言っていたと記されている。ニュートンは、『光学』の第二版(一七一七年)の最後の疑問三一において、すべてのものがアトムから構成されているという彼の信念――科学の歴史において最も影響力をもった著述――を表明するに至る(*Opticks*, 4th ed., p. 400)。

以上の事柄すべてを考慮すれば、神が初めに物質を固形の、重く、硬い、不可侵入性の、可動の粒子に形作り、その大きさと形、その他の属性、および空間に対する比率を、神がそれらを形作った目的に最も適するように作ったということ、さらにこれらの根源的粒子は個体であるから、それらから構成されるいかなる多孔の物体とも比較にならないほど硬く、しかも決して擦り減ったり粉々になったりしないほど極めて硬いということ、これらのことはわたしにはありそうに思われる。なぜなら、神自身が最初の創造の際に一つに作ったものをふつうの能力で分割することは不可能だからである。

（田中一郎訳、ニュートン『光学』、渡辺正雄編『科学の名著6　ニュートン』朝日出版社、一九八一年、二四八頁）

この叙述には、アトムが永久不滅であり、物の破壊には限界があるとする『事物の本性について』第一巻五四〇—五九八の議論と、創造説や主意主義的神学との統合がみられる。

ボイルやニュートンたちの原子論が古代原子論と大きく異なるのは、彼らが物理的実験による定量化や、原子論の数学化を行なったことである。ガッサンディ、チャールトン、ボイル、ニュートンたちは、「煙、香り、埃、炎」などとして人間に感じられるさまざまな物質の実験をして、それぞれの物質の最小の大きさの測定も試みている。それらは原子を初めて定量化する実験であった。原子理論の数学化は、ニュートンの光学と化学の著作や——ボイルの気体の法則からの数学的展開を含む——

『プリンキピア』において顕著にみられる。ニュートンの業績は、近代原子論を確立するジョン・ドルトンに大きな影響を与え、数学的・原子論的化学の最終的な成功に寄与することになる。

ニュートンにおいて、世俗科学の権威と神の摂理とが和解をとげ、神の摂理と相反する古代原子論は近代科学の説明原理として首尾よく組み込まれたように見えた。しかし、ひとたび科学がこの世界の創造の秩序の合理的説明に成功すると、神が不必要な仮説とみなされるようになるまでの時間は短かった。神のお墨つきを受けて近代科学の世界観の内部に取りこまれたはずのルクレティウスの原子論が、今度は内部から神を消去する要因として働くことになる。一八世紀の啓蒙時代に入ると、ディドロやヒュームたちは、神の活動を宇宙の創造におく理神論者たちの「設計からの論証」に対して、ルクレティウスに依拠した批判を行なった。人間の自然状態がいかなるものかを論じたルソーや、伝統的道徳観の虚偽を暴いて個人の利己的欲望の追求が公益につながることを説いたマンデヴィルは、エピクロスやルクレティウスをより一般的な批判の目的に用いている。啓蒙時代の思想家は誰しもが、ルクレティウスの影響を受けていると言っても過言ではない。

人文学への影響――エセーからフランケンシュタインへ

ガッサンディが再興したエピクロス―ルクレティウスの哲学は、近代自然科学に大きな影響を与えたが、ルクレティウスの詩は、伝統的には宗教の領域に属すると考えられていた諸問題を人間の合理的思索の対象とするという仕方で、ルネサンス期から近代にかけて文学や倫理学の分野にも大きな影響を及ぼした。文学は人々の理性や意識の上ではまだ明確になっていない思想の萌芽や時代感覚をつねに先取りして表現するものであるため、ルクレティウスの影響と受容は、文学世界の方が自然科学の領域よりもずっと早い。

フランスでの先駆けた受容

一六世紀のフランスでは、イタリア・ルネサンスの影響を受けて、古代ギリシア・ローマの文芸を創作の範とするプレイヤード派と呼ばれる詩人グループが生まれた。その中心人物が、本書の第一章でも取り上げたロンサール(一五二四―八五)である。ロンサールは、ルクレティウスの詩に深い愛着を寄せ、ルクレティウスの描く女神ウェヌスへの呼びかけや、冥界の否定の詩句などからインスピレーションを得た詩作を残している。ただし、ロンサールは、ルクレティウスの哲学的主題については言及せず、コンテキストから詩的表現のみを抜き出して、みずからの創作に活用している。

「詩を絶後の高みまで押し上げ」たとして、ロンサールに最大の讃辞をおくった同時代の人物がいる。エッセイという新たな文学形式を創り出したとされるモラリストのモンテーニュ(一五三三―九二)である。モンテーニュの『エセー』は、一五八〇年に初版が印刷されると好評を博し、一五八二年改訂第二版、一五八八年に第三巻を加えた増補改訂第三版、一五九五年に遺稿を加えた版が次々に出版された。『エセー』には、エピクロス―ルクレティウスの倫理学がそれまでとは違った仕方で受

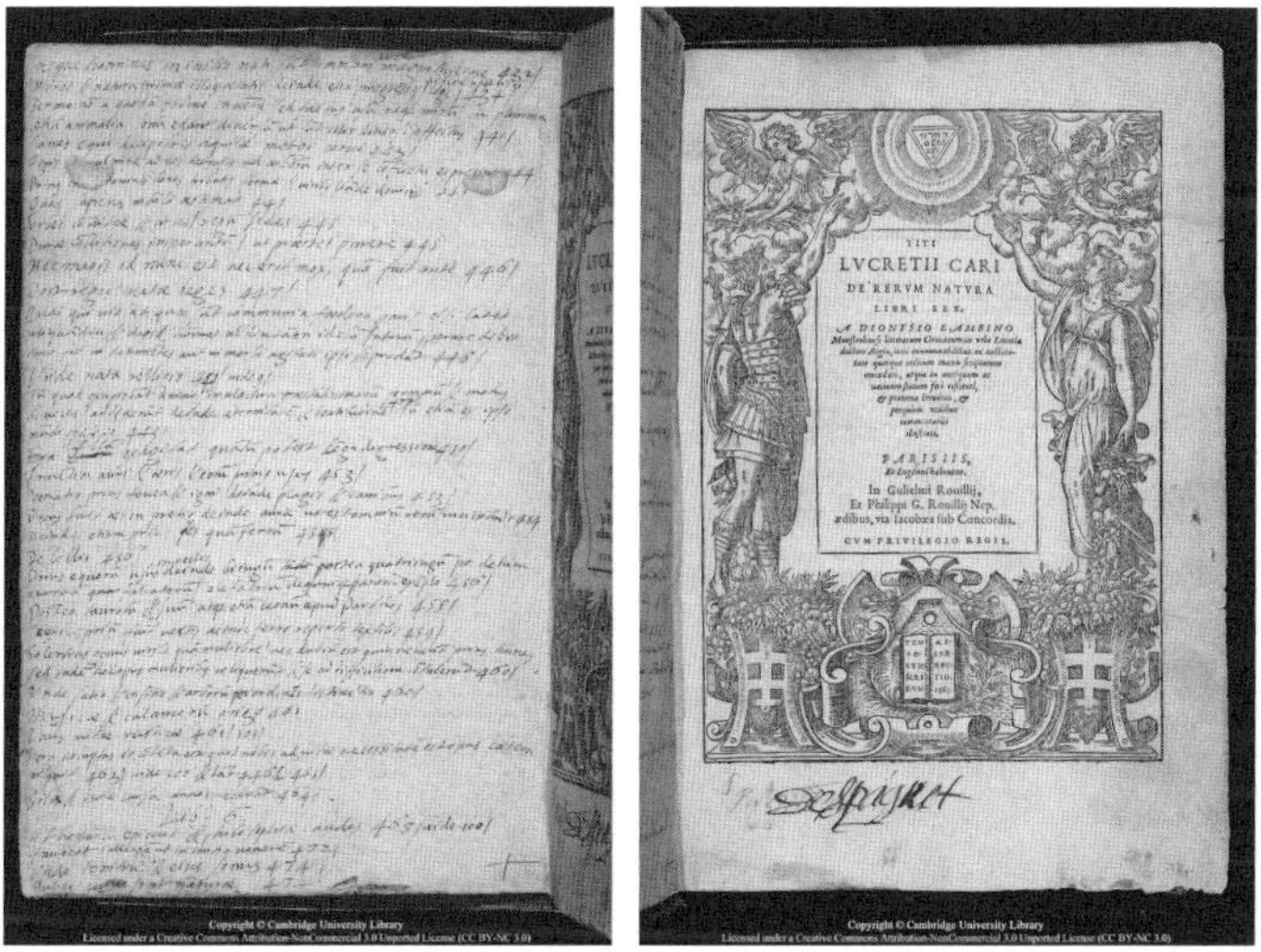

図 13――モンテーニュが所持していたランビヌス版の校訂本の扉絵と見返しの間にはさまれた見開きの遊び紙．モンテーニュの書き込みで埋め尽くされ，扉絵下のモンテーニュのサインは上書きされている．ケンブリッジ大学図書館蔵．

容され、全篇を通して深く浸透している。ロンサールに勝るとも劣らない愛着をルクレティウスに寄せたのである。一五九五年版の『エセー』でのルクレティウスの引用回数は、実に一四九回にも及ぶ。その引用回数は、プルタルコス（三九八回）とキケロ（三一二回）に次いで多く、プラトンは全対話篇を入れても一〇〇回強にすぎないことを考えれば、モンテーニュがルクレティウスをいかに好んだかがわかるだろう。

ルクレティウスの最初のフランス語訳は、ジョス・バードとジャン・プチによって一五一四年に出版され、一五六三年には著名な人文主義者でコレージュ・ロワイヤルのギリシア語とラテン語の学科長を務めたランビヌスことドゥニ・ランバン(一五一九―七二)によって、重要な校訂本が出版された。モンテーニュが所持していたランビヌス版の『事物の本性について』そのものが、ロンドンの古書店のカタログから、イートン校の図書館員によって発見されたのは近年の一九八九年のことである。タイトルページの下に記されていたモンテーニュの署名が、次にその本の所有者となったボルドーの最高法院院長を務めたデスパニエのサインによって上書きされていたために、モンテーニュが所持していたものだとは長く気づかれなかったのである。

発見された書物には、何度も読み返された形跡と、巻頭や巻末の遊び紙をはじめ、いたるところにモンテーニュによるメモや注釈が書き込まれ、最終頁には一五六四年一〇月一六日、彼が三一歳のときに読了したことが記されている。それらの書き込みは、モンテーニュがルクレティウスの影響をいかに受けたのかを知る重要な手がかりになるものであり、英訳つきで一冊の本としてまとめられて出版されている。この発見によって、モンテーニュが、「詩においては、ウェルギリウス、ルクレティウス、カトゥルス、ホラティウスといったところがだんぜん第一級だと、わたしはつねづね思っている」と記していたように(宮下志朗訳「書物について」『エセー』3、白水社、二〇〇八年、一六九頁)、『エセー』の執筆を始める(一五七二年)ずっと前から、彼がルクレティウスを高く評価していたことが裏づけられたのである。

『エセー』への引用

『エセー』(一五九五年版)のなかでもルクレティウスの引用が多いのが、「哲学することとは、死に方を学ぶこと」(第一巻第一九章)と、同書中で最も長大な論文となる「レーモン・スボンの弁護」(第二巻第一二章)である。「レーモン・スボンの弁護」での引用回数は七五回にも及び、ルクレティウスからの引用の半数がこの一作品に集中している。「レーモン・スボンの弁護」には、さまざまな文献から引用がなされているが、冒頭部の最初の引用文――「というのも人は、以前にはものすごく恐れていたものを、踏みにじろうとして懸命になるのだから」(宮下志朗訳『エセー』4、白水社、二〇一〇年、一一頁)――もルクレティウスの詩句(五・一一四〇)である。「レーモン・スボンの弁護」は、『エセー』のなかで最長であるだけではなく、モンテーニュの根本思想や宗教的態度を理解するうえで最も重要であり、後世に最大の影響を及ぼした作品である。それは無神論に対する反論を意図して書かれたが、セクストス・エンペイリコスの影響を受けた懐疑主義的立場から、人間の理性の無力を証明するものとなっている。

モンテーニュの思想がストア主義―懐疑主義―自然主義と三段階に発展変化したと論じた論文「モンテーニュのエセーの典拠と進化」(一九〇八年)で知られるピエール・ヴィレーは、「レーモン・スボンの弁護」について、「もしもスボン本人が生きていたなら、自分のところにこのような弁護人がやってきたのを見て、ものすごく驚いたにちがいない」と述べている(宮下志朗訳、ピエール・ヴィレー「レーモン・スボンの弁護――ピュロン主義の危機」、モンテーニュ『エセー』4、三三七頁)。レーモン・スボン(一四三六年没)はバルセロナ生まれの医師・哲学者で、『自然神学あるいは被造物の書、特に人間について』を著わし、キリスト教のすべての教義について合理的な解釈を試みた。スボンの意図は、信仰の真実を、理性の光だけで証明することにあった。しかし、モンテーニュは、スボンに加勢して弁護を買って出たが、弁護を口実にして、理性ではなにも証明できないことをはっきりさせてしまい、スボンや理性主義者にとっては耐え難いほどの強烈な打撃を与えてしまったからである。

ヴィレーによれば、モンテーニュは、人間がその認識能力によって動物の頂点に立つとする人間の傲慢さをはねつけ、「あらゆる被造物のうちで、もっとも悲惨で、脆いだけでなく、もっとも傲慢なのが人間である」としたという。だが、モンテーニュの懐疑主義は、時代に強い印象を与えながらも、何ら非難をまき起こさなかった。カトリック教会は、モンテーニュを敵ではなく、キリスト教内部の分派や異分子に抵抗するための同盟者とみなした。なぜなら、モンテーニュが、理性よりも信仰を上に置く信仰絶対主義(フィデイズム)の立場をとったからである。古典古代の流儀で哲学することと、伝統に則って信仰を守るという二つの要求を両立させることがルネサンス人にとって絶対的使命であった。そのためモンテーニュは古典古代の哲学者たちと歩調を合わせつつも、理性では結論は導けないとして、キリスト教信仰の啓示にその余地を空けた。そのようにすれば、信仰は理性の攻撃から身を守れる。他方、理性は無力だと宣告されはしても、まったく自由に力を発揮するというメリットを手にすることになる。そうすれば、理性が最悪ともいえる大胆さを示そうとも、信仰にはなんの影響もないからである。

知覚理論への反論

モンテーニュは、手放しでルクレティウスを評価したわけではない。ルクレティウスの知覚理論に対しては、厳しい批判を述べている。すべての感覚は一様に信頼すべきであるとするルクレティウスの以下の知覚論を長く引用したうえで、懐疑主義の立場からその論駁を試みている。

したがって、感覚にとって真であると思われるものは、いかなる時も真である。
もしも理性が、近くでは四角いものが、
なぜ遠くからは丸く見えるのかという原因を
解明できないなら、理を欠いたまま
形の原因の説明をまちがえておくほうがましだ、
みずから手中にしている明らかな事実を投げ捨て、
第一の信頼を踏みにじり、
生命と安全を支えるあらゆる基礎を打ち壊すよりも。
なぜなら、理性のすべてが崩壊するだけではない、
生命そのものもただちに亡び去るだろう、もしも感覚を信じないで
断崖を避けず、またそれに類した危険を避けずに、
正反対のものを追い求めるならば。

（四・四九九—五一〇）

これに対してモンテーニュは次のように注釈と反論を加える。

捨てばちで、とても哲学的とはいえない忠告の真意とは、「人間の知識の支えとなりうるのは、不合理な理性、狂った、尋常でない理性だけだ。けれども、人間が自分たちを価値ある存在にするためには、おのれのどうしようもない愚かさを——これは、なんとも不利な事実であるわけだから——、白状してしまうよりも、どれほど実体がなくても、とにかくこれを、他の薬と同じように用いるほうがましなのだ」ということにある。人間は、感覚が、自らの認識の絶対的な主人であることを避けることはできない。ところが、その感覚というのが、いつだって不確実だし、当てにならないのだ。

（宮下志朗訳、モンテーニュ『エセー』4、二七四頁）

「感覚がもたらすものが偽りであれば、われわれには知識がない」とするエピクロス派の主張や、「感覚はいかなる知識も生み出せない」というストア派の考えが本当ならば、それらの独断論的学派には悪いが、「知識と言えるものはない」とモンテーニュは結論づける。感覚の誤りや不確実性については、誰であれ好きなだけ事例を挙げることができる。感覚がわれわれの判断を狂わせ、だますことはそれほど日常茶飯事である。一七世紀におけるモンテーニュの遺産は、フランスの思想のいたるところに見られるが、知覚の真実性に対するモンテーニュのこのような異議や批判は、後にデカルトの懐疑主義に直接的な影響を与えることになる。

死は恐怖の源泉ではない

しかし、他の考え、たとえば、死後の魂の存在への懐疑や世界の複数性などについては、モンテーニュはルクレティウスと考えを共有している。宗教や宗教対立への批判に関して、ルクレティウスを肯定的に引用し、死は恐怖の源泉ではないことを論じるために、第三巻八三〇—九七七を随所で引用している。モンテーニュは、一度存在することをやめたものは、もはや存在しないとしてルクレティウスを引用する。

また、もしも時が、われわれの死滅後にわれわれの素材(アトム)を
寄せ集め、それらが今置かれている元の状態に戻し、
生命の光がふたたびわれわれに与えられたとしても、
以前の自分の記憶がひとたび絶たれたからには、
たとえそうしたことが起こっても、われわれにはもう何の関係もない。

(三・八四七—八五一)

なぜなら、その間に生命の中断があり、
あらゆる〔原子の〕運動が、感覚から離れてあちらこちらにさ迷い四散するのだから。
（三・八五九―八六〇）

モンテーニュは、ルクレティウスに与して、魂の不滅や輪廻転生に関するプラトンの考えも批判する。人間の精神的部分（魂）が死後に裁きを受けたり、善行や徳によって来世の報いを受けたりすることは真実味に欠ける。なぜなら、人間は魂だけではなく、精神と肉体という二つの本質的な要素をもって存在しているのであり、死に際してそれらが分離することは、人間存在が死滅することを意味するからである。モンテーニュは、神々が人間の善行に報いて、悪行に立腹して復讐するという考えも不合理であるという。

神々は、人間の死後、いかなる正義や裁きを根拠にして、その人の善行や徳行を認めて、これに報いることができるのだろうか。というのも、人間をそのような功徳へと向かわせ、これを施させたのは、神々自身ではないか。それに、どうして神々は人間の悪しきふるまいに腹を立てて、仕返しするのだろうか？　人間をこのような欠陥のある存在に作ったのは、神々自身なのだし、ほんのわずかばかり、その意志を発揮すれば、人間にまちがいを起こさせないようにできるではないか。

（宮下志朗訳、『エセー』4、一四六―一四七頁）

さらに、モンテーニュは、「かの宗教こそ、邪悪、不敬虔の行為をたびたび犯したのである」（一・八三）というルクレティウスの言葉を引いて、その宗教批判を肯定する。モンテーニュが引用するのは、ミュケナイの王アガメムノンが、風がなくギリシア勢がトロイアに向けて出港できないため、占い師の言葉にしたがって、娘イピゲネイアをアルテミスに捧げる場面である（一・九八―一〇一）。何の咎もないのに、嫁ぎ行くべきそのときに、出港する艦隊に幸よい船出を神から得るため、悲しい犠牲として父の手にかかって娘が殺される。「宗教はかほどまで悪を唆すことができたのだ」（一・一〇一）というルクレティウスの言葉をひき、モンテーニュは同様の事例を詳しく述べている。『エセー』は、ジョン・フロリオによる英訳が一六〇三年に出版されるなど、フランスにとどまらず、西欧各国で読まれて大きな影響を与えたが、ルクレティウスからのふんだんな引用を通して、彼の倫理思想が広く知られることにも寄与したのである。

アナトール・フランス

フランスでの受容については、第一章で言及されたプルーストとともに、近代の文学者として、『エピクロスの園』を書いたアナトール・フランス（一八四四―一九二四）についても最後に言及しておかねばならない。フランス革命期の恐怖政治に翻弄される人々を描いた彼の歴史小説『神々は渇く』

(一九一二年)は、正義感に富んだ貧しい画家の青年ガムランが、恐怖政治に与して人々を断頭台に送り、やがてみずからもその露と消える悲劇である。作品には、主要な登場人物として、ガムランの住むアパートの屋根裏部屋で暮らす、零落した元貴族の老人ブロトが登場する。老人は無神論者で、ルクレティウスを愛読し、コートのポケットにはいつもその詩の一巻を入れていた。

聡明で学識もある老人ブロトは、共和国を救うため建てられたはずの革命裁判所が、多くの人々の命を奪い、市民を恐怖に陥れていることから、革命裁判所はもう長くないと語る。低劣な正義感と平板な平等意識に支配された革命裁判所は、やがて、人々に憎むべきもの嗤うべきものとされ、人々は裁判所を打倒するため、革命の体制そのものを打倒するだろうと彼は予言する。老人ブロトは、操り人形の製作で辛うじて糊口をしのぐ悲惨な生活をしながらも、恐怖時代を泰然として生き、捕らえられると従容として死に向かう。両手を縛られ、刑場に向かう二輪馬車に揺られながら、彼が最後に思い浮かべる「かくして、われわれがもはやいなくなるときには(sic, ubi non erimus)……」という詩句は、死はわれわれにとって何ものでもないことを説く、ルクレティウスの詩の一節(三・八三八)である。この老人ブロトこそがアナトール・フランスの代弁者であり、彼の口を通して作者は自分の歴史観と人生観を語っている。アナトール・フランスがノーベル文学賞を受賞した翌一九二二年には、彼の全作品がカトリック教会の禁書目録に掲載された。禁書目録の拘束性が解除されたのは、カトリック教会が教会刷新の理念を打ち出す第二ヴァチカン公会議を経た、一九六六年のことである。

イギリスでの遅れた受容

イギリスでのルクレティウスの本格的な受容は、大陸に比べればかなり遅い。イギリスでは、「詩人のなかの詩人」と呼ばれたエドマンド・スペンサー(一五五二頃—九九)が、エリザベス女王に捧げた大叙事詩『妖精の女王』(一五九〇年)で、ルクレティウスの第一巻の序歌(本書第I部第一章四九頁を参照)からの引用と意訳を行なっているのが嚆矢であろう。

偉大なヴィーナスよ、美と恵みとの女王よ、/神々と人間との喜び、空の下に/こよなく美しく輝いて、その居場所を見事に飾る方よ、/その微笑《ほほえみ》で、猛り立つ海原を静め、/嵐を追い払われる方よ、/ああ女神よ、風と雲はあなたを恐れ、/あなたがマントを高々と広げられると、/海は戯れ、楽しい陸地は姿を現し、/天は笑い、全世界は喜ばしい顔を見せます。

(和田勇一・福田昇八訳、『妖精の女王』第四巻第一〇篇第四四節、筑摩書房、一九九四年)

スペンサーは、ギリシア・ローマの古典文学の伝統、キリスト教思想、中世の宮廷文化と騎士物語やイタリア文学などにも精通し、古典古代の神とキリスト教の神を想像力豊かに結合させた。『妖精の女王』での引用を見るかぎり、スペンサーはルクレティウスに対しても、肯定的で好意的である。

ミルトン『失楽園』への影響

しかし、イギリスでルクレティウスの名が知られるようになったのは、モンテーニュの『エセー』の翻訳のほかに、フランスの詩人デュ・バルタスが、プロテスタントの信仰者として天地創造の七日間を描いた叙事詩『聖週間』(一五七八年)で、ルクレティウスからの敵意に満ちた引用をしたことが契機になっている。その作品がジョシュア・シルベスターの翻訳を通じて、イギリスでもよく知られるようになり、その人気のゆえに、一七世紀の初期のイギリスの詩人の多くがルクレティウスを間接的に知るようになった。ピューリタン革命とそれに続く共和政の熱烈な支持者であった詩人ジョン・ミルトン(一六〇八―七四)もまた、シルベスターを通してルクレティウスを知り、その詩の影響が『失楽園』(一六六七年)に見られる。ピューリタンの信仰による聖書の解釈と神の讃美を歌いあげたミルトンと、ルクレティウスの間には大きな思想的隔たりがあるが、『失楽園』にはルクレティウスの文体や主題について暗に言及している箇所がいくつも見受けられる。よく指摘されるのは、ミルトンがルクレティウスと同様に、光と暗闇のイメージをよく用いていることである。

汝、天来の光よ、私は切に汝にこい願う、願わくば、／わが内なる世界において輝き、わが心を照らし、／そのすべての力を強め、そこに物を見る眼をもたらし、／そこよりすべての霧を追い払い、排除し、もし／能《あと》うべくんば、私をして、人間の眼には見えぬ／事象の数々を見、かつ語ることを、えさしめ給え、と。

（平井正穂訳、ミルトン『失楽園』三・五〇―五五、岩波文庫(上)、一九八一年）

この詩句のイメージは、ルクレティウスに繰り返し現われるエピクロス哲学による啓蒙のモチーフに重なる。

どんな歌をもってすれば、
あなたの精神のために明るい光をかかげ、隠された秘密を
奥底まであなたに見極めさせることができるかを。

（一・一四三―一四五）

ミルトンがよく用いるカオスや夜のイメージにも、ルクレティウスの詩の影響があると指摘されている。ルクレティウスはラテン語のカオスという言葉そのものを用いていないが、海や大地や空気や風が形成される以前のあらゆる種類の原子が混じり合って存在した混沌とした状態を「新しい嵐(nova tempestas)」とか、原子の「塊(moles)」と呼んでいる(五・四三六)。また、無限の空間に包まれた有限で球形の宇宙というミルトンのモデルも、ルクレティウスが無限の空間で原子の偶然の衝突によって無数の宇宙が造られ破壊されてきたとする記述(二・一〇八六)を思わせる。

ミルトンは、深淵を「自然の母胎であり、また恐らくその墓場」("The womb of Nature and perhaps her grave”)（平井正穂訳『失楽園』二・九一二）と呼ぶが、それはルクレティウスが大地を「万物の生みの親であるとともに、すべてのものの墓場である」（五・二五九）とした表現の借用である。ミルトンはこれに続けて、「もしも全能の創造主《つくりぬし》がさらに／多くの世界を造るための玄妙な材料と定め給わなかったなら、／このままいつまでもこれらの四大〔熱・冷・乾・湿〕は争い続けていたかもしれない」と述べ（同二・九一四―九一六）、神がカオスの暗黒物質を引き寄せて多くの世界を創造したかもしれないと大胆な推測をしている。ミルトンは原子論的世界観を分けもつわけではないが、ルクレティウスを彼の神讃美のなかに取り入れようと試みている。

英訳出版が遅れた事情

イギリスでのルクレティウスの翻訳もかなり遅い。最初の英訳の出版は一六五六年で、ジョン・イーヴリンによるものだが、それは第一巻だけの翻訳にすぎなかった。ほぼ同じ時期にルーシー・ハッチンソン（一六二〇―八一）によって全巻の英訳が初めて完成され、そのコピーが回覧されていた。しかし、ハッチンソンは、ルクレティウスの詩が無神論で極端に不敬虔であり、自分の翻訳は若気の至りの好奇心の産物にすぎず、焼却してしまうべきだと後悔するようになる。そのため、ハッチンソンの翻訳は、二〇世紀も終わりに近い一九九六年になるまで出版されなかった。イーヴリンやハッチンソンがルクレティウスの翻訳を行なった時期は、ピューリタン革命によって国王チャールズ一世が処刑され（一六四九年）、一六六〇年の王政復古までの約一〇年間、イギリスが史上唯一の共和政だった王位空位期間である。ハッチンソンもミルトン同様に、王政に反対する共和政支持者であったが、この短い時期に部分的にせよルクレティウスの英訳がなされたことは、ミルトンらによって言論の自由が主張されていたことが背景にあるのかもしれない。

　イギリスではルクレティウスのラテン語の原典テクストすら、一六三一年には版権が獲得されていたにもかかわらず、一六七五年まで出版されなかった。それまでイギリスで読まれていたのは、ルクレティウスの原子論ではなく、チャールトンがもちこんだガッサンディ版の原子論であった。そして、ルクレティウスの全巻の英訳刊行は、一六八二年のトマス・クリーチ(一六五九—一七〇〇)による出版まで待たねばならない。クリーチ訳のタイトルの扉絵には、ルクレティウスが誇らしげに「偶然(casus)」と書かれた球体の方向を指し示している姿が描かれている。この世界は神の計画や目的に従って造られたのではなく、原子の衝突と結合が偶然に生み出したことを示している。球体から光がさして自然世界を照らし出しているように描かれているが、扉絵をよく見ると、光のなかには無数の小さな点が描かれている。肉眼では見えない

図 14——クリーチの英訳の第二版(1683 年)の扉絵. Michael Burghers による彫板.

原子を、太陽の光線のなかで飛び交う無数の埃の粒子にたとえる有名な箇所(二・一一二―一四一)を思わせる。

しかし、王政復古時代のイギリス文学界を支配した詩人ドライデンは、クリーチの翻訳には満足しなかった。彼はルクレティウスの哲学ではなく、詩として価値と魅力をイギリスの読者に伝えるために、ルクレティウスの詩から第一巻や第二巻の序歌などの英訳を行なった。ドライデンのルクレティウスの翻訳は、ウェルギリウスや、オウィディウスなど八人の古典詩人の翻訳をまとめた詩選集『叢林』(一六八五年)のなかでも、とくに成功したものとされている。

フランス革命を支持する知識人に

イギリスでのルクレティウスの翻訳の次の節目は、一七九〇―一八二〇年のロマン主義時代にとぶ。この時期に四つの新たな英訳が相次いだ。啓蒙運動の合理主義に反対するロマン主義が台頭した時代に、エピクロスやルクレティウスは反ロマン主義者たちによって歓迎されたのである。イギリスで無神論的唯物論の最初の宣言書となるマシュー・ターナーらによる『プリーストリー博士の哲学的不信心者への手紙に対する回答』(一七八二年)にも、ルクレティウスが肯定的に引き合いに出されている。正統的宗教にとって、ルクレティウスは厄介な論争の種となった。また、この時期の宗教論争は、啓蒙運動の理想がフランス革命と関係を深めていく政治的文脈から切り離すことができない。一七八九年に本格化したフランス革命はイギリスでも当初は歓迎されたが、その後に続く恐怖政治と一七九三年に勃発し、その後二〇年近く続く英仏戦争によって、その評価を変えることになる。

イギリスの啓蒙運動の支持者は、反対派からは神を認めず、親フランス的で愛国心がないと攻撃された。科学や啓蒙的合理主義と宗教との一致を主張し、イエスの神としての超越性を否定するユニテリアン主義を確立することになるジョセフ・プリーストリーも、フランス革命を支持し、宗教的寛容と非国教徒の平等な権利を主張したこともあって、イギリス国教会に煽動された群衆に家や教会を焼かれ、アメリカへの亡命を余儀なくされた。当初はフランス革命の目的と理想を支持しながらも、その実現の希望を失った知識階層に、ルクレティウスの合理主義と争いから隠遁するその態度とが深い影響を与えた。この時期にルクレティウスの新たな翻訳をしたJ・M・グッド(一八〇五年出版)とH・ドラモンド(一八〇八年出版)は、ユニテリアンの教派に属していた。一八一三年に翻訳を出版したT・バスビーは音楽家であり、彼は悪名高い無神論者で詩人のT・ホルクロフトが書いたイギリスで上演された最初のメロドラマ(*A Tale of Mystery*)のために作曲を手がけている(一八〇二年)。

ロマン派の詩人にも

しかし、興味深いことに、ルクレティウスは、ワーズワースのようなロマン派の詩人たちにも愛された。英国の主要なロマン主義詩人のなかで、「自然」に卓越した地位を与えたのがワーズワースであり、それゆえ彼は科学的物質主義に反目するとしばしば解釈される。しかし、ワーズワースはルクレティウスに深く親しんでいた。彼の『詩集』(一八一五年)の序文で、教訓詩のリストの最初にルクレティウスを挙げている。すでに第一章で触れたように、「某女に、その最初の子の誕生に際して」(一八三三年)で、彼はその詩のなかに、ルクレティウスの詩を引用して、英訳をつけている。また、「エレジー風スタンザ――ジョージ・ボーモントの描く嵐の中のピール城の絵に示唆されて」(一八〇七年)は、城と嵐のなかで大波にもまれる船が描かれた絵を見て讃美するものであるが、その詩の情景はルクレティウスの第二巻の序歌を思い起こさせる構成になっている。

図 15――ジョージ・ボーモント「嵐の中のピール城」(1805 年). 個人蔵.

後期ロマン派の詩人のなかでは、パーシー・ビッシュ・シェリー(一七九二―一八二二)がルクレティウスに熱中したことがよく知られている。彼がイートン校時代に無神論者になったのは、彼が「最高のラテン詩人」と呼んだルクレティウスの影響である。彼は『事物の本性について』を一八一〇、一六、一九、二〇年と四回にわたり繰り返し読み通したことがわかっている。一八一七年七月六日の手紙には、自分がルクレティウスによく通じていて、とくに第四巻の恋愛についての詩句は最も深い真理を描いていると評した。また、『イスラムの叛乱』(一八一八年)の序文では、自分自身を賢明で崇高な精神をもつルクレティウスの足跡に従う者として描き、彼の教説こそがわれわれの形而上学的知識の基礎であると絶讃している。シェリーは、ルクレティウスをウェルギリウスよりも高く位置づけ、死後に出版された評論『詩の擁護』(一八四〇年)では、彼を真の意味での創造者と呼ぶ。

冬来たりなば

ただし、シェリーの詩のなかにルクレティウスの直接の影響が読み取られる箇所はそれほど多くはない。日本では"If Winter comes, can Spring be far behind?"(冬来たりなば、春遠からじ)のフレーズが有名な「西風へのオード」(一八一九年)の情景は、雲は水の粒子が空に昇って集まった時に生じ、風の力により雲が密集すると雨になるとした『事物の本性について』第六巻の気象現象からの影響があることが指摘されている。

お前の気流に乗って、険しい空の動乱のさなか/巻雲が、〈大地〉の朽葉のように散り流され/〈天〉と〈大海〉のもつれた枝から振りおろされ

雨と稲妻の先駆けとなる。気流のうねる/紺青の波浪に広がる/あたかも狂乱のマイナスの頭の逆巻き輝く髪のように、暗い/水平線の果てから〈天頂〉の高みまで/近づく嵐の巻き毛が一面に。

お前こそ〈挽歌〉

死にゆく年を悼むその歌に合わせて更けゆくこの夜は／巨大な墓所の円天井となりゆき／お前が総力で凝集させた暗雲が

円蓋をかけ、凝った大気から／黒い雨と炎、そして雹が炸裂するだろう。おお、聞け！

（アルヴィ宮本なほ子訳「西風へのオード」、『対訳 シェリー詩集』一三九―一四一頁）

また、シェリーが二〇歳の時に書いた長詩『マブ女王』（一八一三年）の注には『事物の本性について』の第二巻の序歌が引用されている。ケルト神話に登場する妖精の女王メーブを歌った『マブ女王』は、専制政治体制や腐敗した政治への怒りを激烈な調子で書き綴っている。この長編詩は、社会的危険思想が含まれると非難され、出版することができずに、七〇部ほどが個人的に配布された。『マブ女王』の詩とフランス啓蒙思想の影響を受けた過激で長大な注は、政治活動家を惹きつけ、イギリス労働者階級の普通選挙を求めるチャーチスト運動にも影響を与えるようになる。

『フランケンシュタイン』

シェリーはイートン校時代から、急進的な政治学者ウィリアム・ゴドウィン（一七五六―一八六三）の

『政治的正義』(一七九三年)を読んで感化を受け、オックスフォード大学の学生時代に『無神論の必然性』という小冊子を密かに印刷して販売したために、一八一一年に退学処分を受けていた。シェリーはゴドウィンと文通をはじめ、一八一二年からゴドウィン家に出入りするようになる。『マブ女王』が書かれたのはこの頃である。ゴドウィンはフランス革命の理想に共感し、人間の理性を重んじ、人間は白紙の状態で生まれ、人間形成は環境と教育に支配されるのであり、いっさいの政治組織を否定するというアナーキズムの思想をもつ急進的革命思想家であった。妻のメアリ・ウルストンクラフトは、『女性の権利の擁護』を書いた女権論者であった。そこでシェリーが出会ったのが、ゴドウィンの娘で後に結婚することになるメアリ・ゴドウィンである。このとき、シェリーは妻帯者であり、メアリはまだ一七歳であったが、二人は恋に落ちて大陸に駆け落ちする。メアリ・シェリー(一七九七—一八五一)が十代の若さで書いた『フランケンシュタイン』(一八一八年)の物語を知らない者はないだろう。一八一六年パーシーとメアリは、バイロンとメアリの義妹クレア・クレアモントともに、ジュネーヴに旅行し、バイロンの借家近くに家を借りた。そこにバイロンの主治医として雇われたジョン・ポリドリ——バイロンの話にヒントを得て、後に『吸血鬼(ヴァンパイア)』を書くことになる——も加わり、鬱陶しい夏を過ごすために、「それぞれ幽霊の話を書いてみよう」ということになり、メアリが考え出した物語が、『フランケンシュタイン』である。シェリーとバイロンとの会話が物語の着想になったことをメアリは、前書きに記している。

さまざまな哲学の話題が出たが、とりわけ生命原理の本質、そしてその原理を発見して伝えることが可能かという問題が取り上げられた。二人はエラズマス・ダーウィン博士の実験についても話題にした〔中略〕。そのなかに、博士が「バーセミリ」と呼ばれる細いパスタをガラスケースに保存しておいたところ、何か異常なことが起きて、独りでに動き出したという話があった。しかし、そんなことで生命が与えられるはずはない。でも死体を蘇らせることはできるはずで、たとえばガルヴァーニ電流はその証拠だったと言えまいか。あるいは生物を構成する部分をつないで組み立てれば、それに生命の息吹を与えることも可能ではないか。

（小林章夫訳、シェリー『フランケンシュタイン』光文社古典新訳文庫、二〇一〇年、一四頁）

作品は「あるいは現代のプロメテウス」という副題が示すように、プロメテウスが火によって人間に作る技術を与えたように、当時急速に発達し始めた電磁気学の影響をうけて、現代のプロメテウスたる科学者が、電気によって人間そのものを創造する物語として描かれている。ガルヴァーニ電流というのは、カエルの筋肉に電気を流すと痙攣することを発見し、さらに二つの金属をカエルの筋肉に当てると電流を通さなくても筋肉が動くことから、イタリアの科学者ガルヴァーニが、動物のなかには動物電気なるものが内在するとした仮説である。しかし、若き科学者フランケンシュタインが創り出した怪物は、後に映画で登場するような知性を欠いた化け物ではない。自分で複数の言語を学習し、ミルトンの『失楽園』を読んで、楽園を追われたアダムよりも、造り主フランケンシュタインに見捨てられたわが身の不幸に深く絶望する、知性の高い人造人間として描かれている。

ダーウィンの祖父

二人の会話に登場するエラズマス・ダーウィン(一七三一―一八〇二)は、当時の最もすぐれた医師の一人とされ、詩人であり、並外れた社交性と創意の才能に富む人物であった。彼はバーミンガムを中心に当時の有力な学識者、哲学者、事業経営者、発明家、化学者、作家らの自由な交流団体ルナ・ソサエティ(一七六五―一八一三年)を創設した中心人物としても知られる。ルナ・ソサエティは、イギリスの産業革命にも大きく貢献し、近代技術を発展させる駆動力になったと評価されている。ダーウィン自身も、蒸気機関で有名なジェームズ・ワットや、陶器メーカーの創業者として著名なジョサイア・ウェッジウッドに促されて、みずから発話機械や水平型風車などの多様な発明を実用化し、蒸気自動車の原理とアイデアを初めて明らかにした。さらに、生物の進化を認識して記述したこと、植物の栄養摂取と光合成の過程を分析したことも彼の功績とされる。「彼は動物、昆虫、魚や植物に見られる生存競争を説明し、進化を形作る圧力を情熱をこめて描き出した」(和田芳久訳、デズモンド・キング=ヘレ『エラズマス・ダーウィン』二六頁)とされ、孫のチャールズ・ダーウィンの『種の起源』より五〇年以上も先駆けて、生物の進化の概念を明確に主張したと言われる。

しかし、当時、彼の評判を一躍高めることになったのは、ロマン主義とリンネの植物学を融合させた物語詩『植物の園』(一七九一年)である。ダーウィンは最新の科学的知識の全体像を、想像力豊かな言葉で表現することができた。その意味でも彼の詩には、『事物の本性について』との顕著な共通点がある。とくに、『自然の殿堂ないし社会の起源――詩と哲学的注釈』(一八〇三年)には、『事物の本性について』第五巻で展開されている生物の発生や進化(五・三三〇―三三一、五・七八五―八〇八)、人間や社会の進歩や歴史的発展を描いた記述(五・九二五以下)からの強い影響が見られる。ルクレティウスは大地が雨と太陽の熱によってまず草や木々を生み、続いて四足の獣や鳥類を、そして、あらゆる種類の動物を生み出したとしているが、ダーウィンは地球の形成と微小生物の誕生を次のように記している。

時の始まる前、燃えさかる混沌から投げ出され／飛びいでたる数多の光球が、回転世界を形作った。／どの太陽も勢いよく地球を放り出し、／惑星からは二つ目の惑星が生まれ出た。／やがて、生まれたばかりの海洋が、／浜辺なき地球をうねりまたうねりで洗ううち、／太古の洞窟の中、温かい日差しに包まれて／波の下で有機生命が始まった……。

かくして自然に発した親なき粒子が／いのちを育む地球に初めて生じた。

(和田芳久訳、エラズマス・ダーウィン『自然の殿堂』Ⅰ・二二七―二三四、二四七―二四八、前掲書四五五―四五六頁)

ラディカルな科学者ダーウィンは、詩人としても、ワーズワース、コールリッジ、シェリー、キーツなどのロマン主義文学に強い衝撃と感化を与えた。『植物の園』の正確な自然描写とフランス革命に対する情熱がワーズワースの心をとらえ、生命世界全体に寄せる共感がコールリッジの「老水夫行」と「フビライ汗」の詩の行間に響いている。シェリーは熱心な信奉者になり、ダーウィンの雲の形成理論に刺激を受けて、自然を歌った詩に科学を融合する手法を受け継いで、「雲」(一八二〇年)という詩を作った。ダーウィンが与えた文学的影響の最たるものが、後のサイエンス・フィクションの先駆けとなるメアリ・シェリーの『フランケンシュタイン』だとも言える。科学の源流となる自然哲学の探究精神と詩の想像力が稀有な融合をとげたルクレティウスの詩は、イギリス・ロマン派にも大きな影響を及ぼし、フランケンシュタイン博士による人造人間の誕生にも一役買ったのである。

遠雷と稲光りのような哲学

しかし、シェリーやバイロンの死後、イギリスにおけるロマン主義は急速に衰退し、第I部第二章で述べたように桂冠詩人テニスンが活躍するヴィクトリア朝時代を迎え、ルクレティウスに対する評価もまた大きく変わることになる。ただし、その時代にも、「薔薇の花園によこたわって聞くのにふさわしい遠雷と稲光りのようなルクレティウスの哲学」と書き記し、エピクロス哲学の精神性を深く理解したウォルター・ペイター(一八三九―一八九四)のような作家がいたことも忘れてはならない。彼の『享楽主義者マリウス(*Marius the Epicurian*)』(一八八五年)は、紀元二世紀の仮想的人物マリウスの思想遍歴と揺れ動く心理を精緻に描いた作品である。マリウスは、王政ローマ二代目の伝説の王ヌマが制度化したとされる伝統的な「ヌマの宗教」と母の庇護のもとで、宗教的理想主義に感化されて少年時代を過ごした。マリウスは成長するにつれ、詩才に富む友人や文学の影響を受け、感覚の中の美を追求するエピキュリアンになるが、皇帝マルクス・アウレリウスやストア哲学との対話を経て、最後は捕らわれたキリスト教徒の友人の身代わりとなって、殉教者とみなされる最期を遂げる。

享楽主義者（エピキュリアン）と言っても、マリウスの体現する思想は、美的感性を含んだ人間のあらゆる能力との調和ある発展をめざした、ヒューマニスティックなものである。他方でペイターは、マリウス時代のキリスト教を、その時期に美しい儀式や礼典を発達させたように、「小さな平和」な時期のキリスト教として、ヒューマニスティックに描いている。そのことによって、両者の間に親和性が醸成され、エピキュリアンのマリウスがキリスト教に近づいていくことが可能になる。心の平静を求めたエピクロスの信奉者が、ローマの国家宗教になる以前のキリスト教に帰依していく物語によって、ペイターは彼の時代状況の中での宗教的な救いの可能性を験していたとも言われる。『享楽主義者マリウス』は、エピクロス哲学とキリスト教とを架橋する思想のドラマとしても読むことができるだろう。

ペイターが残した「すべての芸術は絶えず音楽の状態に憧れる」という有名な言葉（富士川義之訳『ルネサンス』「ジョルジョーネ派」九三頁）は、ワーグナーの音楽に心酔したニーチェの言葉として、まちがって引用されることがある。

ペイターと同時代を生きたニーチェ（一八四四―一九〇〇）は、当初はエピクロスやルクレティウスの哲学と彼らの宗教批判を高く評価していた。『人間的、あまりに人間的』のなかでは、ニーチェは、エピクロスをもっとも偉大な人間のひとり、英雄的・牧歌的な種類の哲学的思索の創始者とまで呼んでいる。エピクロスやルクレティウスが語る、人間を抑圧する宗教への批判と人間に無関心な神観がニーチェをとらえていたのである。

何をエピクロスが攻撃したかを理解するためには、ルクレティウスを読め。それは異教ではなかった、そうではなくて「キリスト教」、言ってみれば、負い目の、罰や不死の概念による魂の頽廃であった。

（原佑訳『反キリスト者』、ニーチェ全集14『偶像の黄昏 反キリスト者』ちくま学芸文庫、一九九四年、二六九頁）

しかし、「神は死んだ」と宣言する『愉しい学問』を書いた頃には、ニーチェのエピクロス評価は大きく変わっていた。エピクロスは古い信仰だけではなく、「潜在的キリスト教」のすべてと戦って勝利するかと思われていたが、ニーチェによれば、そこにパウロが登場し、「十字架につけられた神」という象徴によって、この世と人間の生を無価値なものに貶めてしまった。十字架刑に処せられた無力なイエスに神の栄光が表わされているならば、神を十字架につけたこの世の権力や栄華や価値はことごとく否定される。しかし、そのような「救い主」は、休息や静寂や穏和を求めるだけの悩める者、生の貧困に苦しむ者、病者向けの神であり、人間の生の内実を貧しくし、生を抑圧する。心の平静を説いたエピクロス主義も、パウロの捏造した「救い主」に呑みつくされてしまったとニーチェは考えるようになる。つまるところ、エピクロス派には苦痛を回避すること以外に、人生にいかなる意味も目的もなく、享受すべき快楽もないからだ。ペイターとは違った意味ではあるが、ニーチェもエピクロス派とキリスト教の親近性を見出した。

キリスト教徒とは所詮、一種のエピクロス派であり、エピクロス派と同様、本質的にロマン主義者なのである。

（森一郎訳、ニーチェ『愉しい学問』講談社学術文庫、二〇一七年、四一七頁）

ニーチェは、エピクロス主義とキリスト教とは等しく、魂の苦悩に依拠し、苦悩する自己に陶酔するロマン主義的頽廃だとみなし、両者を厳しく批判する孤高の道を行く。

第Ⅱ部
作品世界を読む

原子と空虚が生み出す世界

第一章　物質と空間

ルクレーティウスは証明するためにしか決して書かなかった。かれの最も感動的な描写は、ある偉大な哲学原理をわれわれに理解させ、受け入れさせることにもっぱら当てられている。もし人がそれらの描写をその原理から引き離すならば、それらの生命は弱まってしまう。

（花田圭介・加藤精司訳、ベルグソン『ルクレーティウスの抜萃』三〇頁）

第一巻と第二巻において、「無からは何ものも生まれない」という根本原則から出発し、原子論の基礎が築かれる。第三巻と第四巻ではそれにもとづいて、生命と精神と感覚の構造が述べられる。第五巻と第六巻では視点がマクロに拡大され、世界や宇宙の成り立ちから、社会の発展、また雷や雲の発生などの気象や地震や火山噴火などの天空地上の諸現象が説明され、最後はアテナイの疫病の記述で締め括られる。以下の章では、各巻の概略を紹介しながら、各巻で取り上げられている興味深いトピックに焦点を当てて見ていきたい。

アトムと空虚のみ

無からは何ものも生まれない

ルクレティウスの詩は、その思想から切り離すことはできない。ルクレティウスの詩としての価値は認めるが、彼の思想をエピクロス哲学の単なる模倣にすぎず、独創性がないとみなす評価に対して、藤澤令夫は「いったい、思想内容の貧弱な詩が、詩として偉大でありうるだろうか」と反論する。「もし、ひとがルクレティウスの詩によって、宇宙と事物の本質について自分の想像力が力づよく動かされるのを感じるとしたならば、そのことこそまさに、そこに一つの豊かな思想が確在するということであり、あるいは『科学的な真理や価値』が存在するということでさえあるのではないか」と藤澤は指摘している(藤澤令夫「憂愁の宇宙論詩」一九六頁)。上掲のベルクソンの言葉も、ルクレティウスの詩と思想の関係を明快に理解させてくれるだろう。

第一巻は、女神ウェヌスを讃える序歌(一―四三)と、事物の本性を教えるエピクロスこそが人間を迷信の悪や恐怖から解放するというプロローグ(四四―一四五)で始まる。そして、「無からは何ものも生まれない」という基本原理が提示されると、ベルクソンが言うように、それを証明する六つの論証が繰り広げられるといった仕方で本論が展開される。第一の証明は、もし無からものが生じるならば、すべてのものからすべての種類のものが生まれ、それぞれ固有の種子を必要とせず、海から人間が、大地から魚が生じ、木になる果実も一定することなく、互いに入れ替わることになるが、そのようなことが起きないことを論拠とする(一五九―一七三)。第二の証明は、ものが生まれるには一定の種子どうしの会合が必要であり、一定の期間や季節によって雨などが降り、固有の時期に定まった種子が合流することによって生物が生まれることを根拠にする(一七四―一八三)。

第三の証明は、物が少しずつ成長することにあり(一八四―一九一)、第四の証明は、生物が大きくなるには水や食物を必要とし、元素なくして物が存在しえないことによって示される(一九二―一九八)。第五の証明は、生物が大きくなるといっても、大海を浅瀬のように渡り、山を引き裂くほどの巨人を自然が生み出さないことを拠り所に、物が生じるためには一定の素材が決められていて、そこから生じうるものは変わらないからであると論じられる(一九九―二〇五)。第六の証明は、人手を加えて田畑を耕せば、地中にある物の元素によって収穫が豊かになることに根拠をもつ(二〇六―二一四)。

六つの論証が終わると、今度は、自然は物を分解するだけで、「何ものも無にはかえらない」という基本原理が提示される。その原理は、河川や海が素材を喪失せずに存続してきたこと(二二五―二四九)、また、雨から植物や穀物が生え、それによって動物が養われ続けていること、さらに、過ぎ去った何世代もの間に世界がたえず作り直されてきたことによって論証される(二五〇―二六四)。

目に見えない原子は存在するのか

これら二つの基本原理にしたがって、「目には見えない物体が存在する」という基本原理の論証が、風、香り、熱、声、湿気、物体のすり減りといった現象をもとに展開される(二六五―三二八)。

さらにまたわれわれはさまざまなものの香りをかぐけれど
鼻に何かがくるのを見わけもしないし、
熱の放射も目に見えないし、冷たさを目で
とらえることもできないし、さらにまた声を見分けることもない。
しかし、これらはみな感覚を刺激できるのだから
物体的な本性をそなえているのでなければならない。
事実、触れたり、触れられたりするということは物体でなければできないから。
さらにまた波を打ち砕く岸辺にかかった着物は湿るが
それをひろげて日に干せばまた乾く。
しかし、水の湿気がどんなふうに布に浸みわたるのか、
熱のためどんなふうに逃げてゆくのか見えもしない。

それゆえ湿気は、目ではどうしても見えないほどの小さな粒子になって飛び散っているのである。
さらにまた太陽の経めぐる年を数多く重ねると、
指に嵌めた指環は内側からすり減ってゆき
雨だれは石をうがち、曲がった鍬先は鉄で
できているが土くれの中で知らぬ間にやせ細ってゆく。
またわれわれは歩道の敷石が群集の足に踏まれて
すり減っているのを認める。それから市の
門のそばの青銅の像は、通り過ぎる人たちが挨拶して
頻繁に触れるために、その右手が細く減っているのを示している。
つまりこれらのものは、すり減らされて細くなるのをわれわれは目にする。
しかし、その時その時にどれだけの粒子が逃げてゆくのかは
われわれの視力の嫉妬ぶかい本性が見ることを許さない。

（一・二九八―三二一）

目に見えない原子の存在が、われわれの日常経験に即して説得的に語られている。知覚されない原子が実在するかどうかは、ドルトンやアボガドロの近代原子論が登場した後でも、科学者や哲学者た

ちの論争の的となった。エルンスト・マッハたちが、感覚に現われないものを先験的には認めない「批判的実証主義」と呼ばれる立場から原子仮説を批判し、ルートヴィッヒ・ボルツマンやマックス・プランクらと激しい論争を繰り広げたことは、科学史ではよく知られていることだろう。フランスの物理学者ジャン・ペランが、原子論研究をまとめた著作『原子』(一九一三年)を出版する頃まで、原子の実在については論争が続いた。ペランは同温同圧同体積の種々の気体は同数の分子を含むとしたアボガドロ仮説と、水中に浮遊する微細な粒子が不規則に動くブラウン運動に関するアインシュタインの理論(一九〇五年)にもとづき、ブラウン運動の大きさの観測から、一定の体積中に含まれる液体の分子数(アボガドロ定数)を計算して議論に決着をつけた。

ブラウン運動についてのペランの研究と、プラム・プディングと呼ばれる原子模型を提案したJ・J・トムソンの電子についての研究成果が、マッハの支持者で原子論を拒絶した最後の科学者と言われるヴィルヘルム・オストヴァルトに自説を撤回させることになった。ペランは著書の冒頭でルクレティウスに言及し、またブラウン運動に関して、「自分自身は観測することのできなかったこの現象をルクレーティウスが予知し、それを記述したことは誰しも賞讃するところである」と記している(玉蟲文一訳、ジャン・ペラン『原子』一六三頁。『事物の本性について』二・一一三―一四〇参照)。ペランの原子の概念は、ルクレティウスの原子とは異なるものとはいえ、ペランにとってルクレティウスは過去の歴史的遺物ではなく、自分の実験や研究に刺激を与えるという重要な意味においてまさしく同時代人であった。

「自然は空虚を嫌う」

目には見えない原子の存在論証が終わると、次に空虚の存在が論証される(三二九―四一七)。物体の運動が可能であるためには、抵抗体としての物体が存在せず、物体が他の物体に場所を譲るための空虚が必要である(三三五―三四五)。洞窟のなかにも水が浸みとおり、声が壁を貫くように物が物を突き抜けるし(三四六―三六九)、空虚がなければ物が運動し、位置を変えることはできない(三七〇―三八三)。空気が移動する物と物との間を一時に埋めることはできないし、空虚なしに空気が圧縮されることもできない(三八四―三九七)。

また最後に、二つの幅広い物体がぴったり密着していて、そこから
もし勢いよく飛び離れる時には、物体と物体の間にできる
空虚はすべて空気が占めるにちがいない。
しかし、空気がたとえどれほど速く周りから吹いて流れこんでも
一時に全空間を満たすことはできないだろう。
なぜならその空気は次々と一つ一つの場所を占めていって
しかる後にその全空間をふさぐことになるのだから。

(一・三八四―三九〇)

磨いた大理石のように表面を滑らかにした二つの物体を密着させて、急速に両者を引き離すと、その間に入り込む空気の速度が有限であるため、瞬時だが空虚が生まれる。真空を立証する最後の議論として述べられたこの思考実験は、中世においても真空論者と充満論者の間で論じられ、スコラ学者たちは二つの物体をそのような仕方で分離するのは難しいという理由で反論した。アリストテレスが、原子論者が主張した空虚の存在を数多くの理由を列挙して徹底して論駁したことから(『自然学』第四巻第六―九章)、物質が移動した場所には必ず他の物質がその後を満たし、運動を可能にするためにも空虚は必要ではないと長く考えられていたからである。

アリストテレスによる空虚の否定は、スコラ学者によって「自然は空虚を嫌う(Natura abhorret vacuum)」という格言に要約され、一六世紀のフランソワ・ラブレーの作品では、空のグラス一杯にワインをついでくれと叫ぶ酔っぱらいの台詞にも出てくるように(『ガルガンチュワ物語』第一之書第五章)、一般にはアリストテレスの言葉として膾炙した。アリストテレスの呪縛は強く、空間の充満論をとるデカルト、デカルトを批判したホッブズ、一〇メートル以上の深さからポンプで水を汲み上げられないことから空気の重さに気づいていたガリレオによっても、巨視的な意味での空虚の存在は否定され続けた。一六四三年にガリレオの弟子のトリチェリが、大気圧を証明するために水銀柱を使って真空を作り出す有名な実験を発表した後も、ホッブズはトリチェリの実験結果を疑い、真空を否定し続けたのである。

時間とは

ルクレティウスは、以上の論証から、真に存在するものは原子と空虚だけであり、第三の独立したものは存在しないと結論づける(四一八―四四八)。他の名づけられるすべてのものは、物体と空虚に結びついた特性(coniuncta)か、たまたま起きる出来事(eventa)である。これらはエピクロスが専門的述語として、物体の永続的な本性を構成する「永続的属性(シュムベベーコタ)」と、つねにではないがしばしば連れ添う「境遇的属性(シュムプトーマタ)」と呼んだ区別に対応する(『ヘロドトスへの手紙』六八―七一)。永続的属性とは、「それを切り離すことが、元にあった物の壊滅的な分解をともなわずには不可能なもの」(四四九―四五八)である。たとえば、重さのない岩、熱くない火、流動性のない水は、それぞれ、岩、火、水ではなく、触れることのできる空虚もありえない。すなわち、重さ、熱さ、流動性などはそれぞれの物体の永続的属性(coniuncta)であり、非接触性は空虚の永続的属性である。他方、隷属、貧困、富裕、自由、戦争、協調などは偶然の出来事(eventa)である。

興味深いのは、これに続けて「時間」も独立に存在するものではないと明瞭に語られていることである。

同様に時間もまた、それ自身で独立に存在するものではなく、
事物それ自体が基となってそこから、過去に何がなされ、つづいて現に何があり、

さらにこれから何が起こるかの感覚が生じるだけである。
それにまた、何びとも事物の運動と静止から切り離された
時間そのものを感知しないことを認めねばならない。

（一・四五九―四六三）

寺田寅彦は、「最近にボーアがネチュアー誌上に出した The Quantum Postulate and Atomic Theory. と題する興味ある論文を読んだ後に、ルクレチウスの第一巻を開いて」、上記の箇所を玩味して読むならば、「いかに最新の学説に含まれた偉大な考えがその深い根底においてこの言葉の内容と接近しているかに驚かざるを得ない。もしルクレチウスの sense を「実験観測」と置換し、また彼の motion and repose を ΔE 等で置換すればこれはまさにボーアの所説となるのである」と記している(寺田寅彦「ルクレチウスと科学」二一九―二二〇頁)。

最前線に立つ科学者は、眼前の闇の底に名状しがたい影か幻のようなものを認めるが、それが何かはっきりわからない状態が続くうちに、突然、天の一方から稲妻のような光が閃いて、その瞬間に眼前のものの正体が見えることがある。そうした天来の閃光なしには科学者は一歩も踏み出すことはできない。ルクレティウスの詩は、まさにその稲妻の光の役割を果たしうるのだと寺田寅彦は述べて、上記の箇所を挙げている。古代ギリシアの「自然についての探究」に対するパルメニデスの哲学批判が、その批判に応えるべく原子論を生み出す契機となったように、ルクレティウスに寄せた寺田の言

葉は、自然の科学的探究に対して哲学が担ってきた役割が何であったかを想い起こさせてくれる。

第一巻では続いて、原子の本性について述べられ、物体は原子と原子の結合によって生まれるが、個々の原子は内部に空虚をいっさい含まない完全な充実体であり、永久不滅で不変であり、物体の破壊には限界があると論じられる(四八三―六三四)。第一巻後半では、ヘラクレイトス、エンペドクレス、アナクサゴラスの自然哲学の学説が批判され(六三五―九二〇)、それを受けて、原子論の宇宙論に焦点が当てられ、宇宙も空間も無限であり、原子も無限数あり、宇宙には中心が存在しないことが語られる(九二一―一一一三)。

第二章　原子の運動と形

もし、大変動が起きて、あらゆる科学的知識が破壊され、次世代の生物に一つの文章だけが伝えられるとしたら、どのような言明が最もわずかな言葉で最も多くの情報を含みうるだろうか？　私が信じるに、それはすべてのものが原子からできているとする原子論仮説である。

（リチャード・ファインマン『ファインマン物理学』Ⅰ、第一章第二節）

第一巻で、原子と空虚のみがそれ自体として存在する実在であり、あらゆる物体が目には見えない微細な原子によって構成されているとして、他の自然学理論は斥けられ、原子論の基礎がすえられた。それをうけて第二巻では、原子によって諸々の現象がいかに説明できるかを論じる。それ自体としては色や味や香りといった「二次的性質」をもたない原子が、多様な形態と相互の組み合わせと運動によって、さまざまな「二次的性質」をもつ物質を形成しては、また原子に解体されることが説明される。

第二巻ではまず「愉しや、嵐の海に」ではじまる序歌で、エピクロスの正しい教説を知る者の悦びが歌われた後に、原子の運動について詳しく解説される(八〇—三三二)。原子は絶えざる運動をしており、互いに衝突し、その運動の仕方で鉄や空気の元素を生み出し、さまざまな結合を生んでは、また生成したものを解体する(八〇—一四一)。したがって、神々が人間のために万物を作ったのではない(一六七—一八三)。しかし、空虚の中を垂直に落下する原子の運動だけでは、原子の衝突は起こらず、自然は何ものも作り出せない。空虚の中では原子は雨のように落下し、空虚は落下に逆らうことがないため、たとえ重さが等しくなくても、落下の速度は同じであり、したがって、より重いものがより軽い物に衝突することはないからである(二二五—二四二)。そのためルクレティウスがもち出すのが、クリナメンと呼ばれる原子の極小の逸れである。

クリナメンと自由意志

議論の的となる箇所

クリナメンが論じられる箇所(二一六—二九三)は、ルクレティウスの詩の中でも最も有名な箇所の一つである。

原子はその固有の重さによって、空虚の中を真っ逆さまに下方へと運ばれてゆく。
このときしかし、いつ、どこでかは定まっていないが、
極微の転位と言える程度に、軌道から外れる。
もし原子に逸れる(declinare)傾向がもともとなかったのであれば、
すべては雨滴のように深い空虚を落下してゆき、
抵抗も衝突も生み出されず、
自然は何ものも作り出さなかったであろう。

(小池澄夫訳、二・二一七―二二四)

クリナメンという名詞は、ルクレティウスによる造語で、原子の「微小なクリナメン(exiguum clinamen)」という語でただ一度だけ登場する(二・二九二。小池澄夫「エピクロスと初期エピクロス学派」九七頁)。その動詞形(inclino・傾く、declino・逸れる)も、原子に関してはこの箇所で五回(二二一、二四三、二五〇、二五三、二五九)使われるだけである。原子が垂直の落下からごくわずかに逸れる運動を起こすという考えは、キケロがエピクロスの教説として批判し(『善と悪の究極について』第一巻第六章第一八―二〇節、『神々の本性について』第一巻第二五章第六九節)、二世紀頃のエピクロス派であるオイノア

ンダのディオゲネスも、デモクリトスではなくエピクロスが明らかにしたという証言を碑文に残しているので、ルクレティウスの独創ではない。しかし、エピクロスの残された著作や断片には、その記述がまったくないことから、原子の自由な運動についてのルクレティウスの解説が、自由意志(libera voluntas)を認め、デモクリトス的決定論を否定する重要な議論として脚光を浴びることになった。

さて、それでは、もしすべての運動はつねに連続していて、
新しい運動は、一定の順序で古い運動から生じるとすれば、
もしまた原子がその進路から逸れることによって、
運命の掟を破るような運動の始まりを引き起こすことなく、
原因(causa)が原因に限りなく続くとすれば、
地上の生物のもつこの自由意志はどこから現われ、
いかにしてこの自由意志は宿命の手からもぎとられたというのか?

(二・二五一―二五七)

ルクレティウスは垂直に落下する原子は斜め方向には進みえないとしているので、クリナメンの逸れは極小でなければならない(二四四―二四八)。しかし、斜め方向に落下することがない原子の逸れとは何かを理解するのは容易ではない。

原子の極微の逸れが、他の原子と衝突するためには、空間の極小単位の一つ一つを原子が占めていなければならなくなり、そこには空虚が存在しないことになるとして、本書の第I部第一章と第二章を書いた小池澄夫はクリナメンとは衝突を可能にするものではなく、結合した原子と原子を解放する運動だという解釈を提出している(小池、前掲書)。その解釈の背後には、アリストテレスが運動について、運動体の一部が運動している部分と運動していない部分をもたねばならず、部分をもたない物は運動というプロセスをもたないとした議論へのエピクロスの対処があるという。運動・時間・空間の不連続性を論じたディオドロス・クロノスの論理に後押しされて、エピクロスは、「原子の極小単位が極小時間において空間の最小単位を占めること(時間の極小の幅における静止)、原子の運動は次の最小時間において隣接する空間を占めるものであることを認めた。その運動は滑らかに軌跡を描くものではなく、一瞬一瞬の飛躍なのである」と小池は考察する。

とすると、クリナメンも空間の極小単位から極小単位へと飛躍する運動であり、それは通常の原子運動で予定されていた方向と違うということにすぎず、それでは原子の衝突を生み出すことはできない。もし、その極小の運動によって原子の衝突が起きるとすれば、空間を占める原子の密度があまりに高くなって、空虚が存在しなくなる。また、クリナメンが斜行の運動ではないとルクレティウスも述べているが、原子の分離によって飛び出してきた原子の新たな落下が始まると解しなければ、クリナメンによって因果連鎖が断ち切られて新しい運動が始まるとする論点もぼやけてしまうというのが小池の推察である。

しかし、それでもなお、クリナメンについての疑問は残るだろう。結合した原子と原子を解放する運動が、いかにして起きるのか。少なくとも原子どうしの最初の分離には外力が期待できない。結合した原子を断ち切る力は、原子のどのような性格から生まれるのか。また、そもそも垂直に落下する原子どうしがどのように結合していたのか。またエピクロスが原子の逸れを原子の解放として説明していたならば、なぜルクレティウスは、「方向を曲げる、傾ける、逸れる(inclino, declino)」といった言葉でそれを表現し、結合した原子が分離したり解放されるといった記述をなぜいっさいしていないのか。

また、クリナメンと自由意志との関係も明確ではない。クリナメンは自由意志の存在を証明するものではない、と小池も指摘する。もしも、自由意志があるならば、運動の因果の連続性が破られ、クリナメンが運命の連鎖を断ち切ると言えるとしても、自由意志があること自体はまだ証明されていないからである。魂の中で起きる少なくとも一つの原子の逸れが、新しい意志作用と一致すると仮定されているのか。あるいは、因果の無限の連鎖を断ち切るために逸れが必要とされるのであり、その理論は現在のわれわれが過去の原子の歴史の必然的産物でないことを論じるためのものにすぎないのか。場所と時を定めずに起きる原子の逸れは、量子力学の不確定性原理と自由意志の議論との著しい類似性が指摘されるなど、現在も数多くの議論を呼び起こしている。

物の色や香りはどう生まれるのか

原子の運動の後には、原子の形に関する説明が続く(三三三―七二九)。原子にはさまざまな形があり、その形の違いが、雷光と松明の火や光の違い、雨、葡萄酒とオリーブ油などのさまざまな物体の違いを生み出す。また、味や快感や不快を与えるのも原子の形の違いに由来する。金剛石、液体、煙、海水も、原子の形と結合の仕方によって作られる。しかし、原子の数は無限であるが、形の差異は有限であり(五二二―五六八)、原子のあらゆる仕方の結合が可能なのではなく――そうでなければいたるところに怪物が現われるだろう――、すべてのものは決まった種子と母から生まれるように、すべてのものには一定の原則があり、適した原子が選ばれて結合するとされる(七〇〇―七二九)。

続いて原子それ自体は、色、熱、音、味、香りなどの「二次的性質」をもたず、そのような感覚的性質をもたない原子から感覚的性質をもつものが生まれることが論じられる(七三〇―一〇二二)。原子の「一次的性質」は、大きさ(四八一―四九九)と形(三三三―七二九)と重さ(一八四―二一五)になる。ジョン・ロックが展開した一次・二次性質を区別する議論(『人間知性論』第二巻第八章)は、ロックがガッサンディやボイルを通して古代原子論から受けていた影響抜きには語れない。

第二巻の最後は、第一巻末と同様に、宇宙論が論じられる(一〇二三―一一四七)。マクロな視点から、世界の創生と滅亡が語られ、宇宙が多数存在し、神々とは関係なく自然世界は造られ、成長し、老衰し、破滅に向かうとされる。宇宙が造られてから破滅に至るプロセスは、生き物が誕生して死に向かう道程と重ね合わされている。ルクレティウスのこの老年論も興味深い。

ルクレティウスの老年論

生命の松明

老年と老化もその生成解体の変化の一つに数えられている。

さて素材(原子)が隙間なく詰まって互いに一体とならないことはたしかである。
なぜならわれわれの見るところ、どんな物も減少してゆき、
またすべての物は長い期間のうちにいわば流れ去ってしまい、
年月がいかなるものもわれわれの眼前から取り去ってしまうのだから。
しかし、総体としては損われずに保たれる。
なぜなら、基本物体(原子)は、それが離れ去ったものを
減少させ、それがつけ加わったものを増大させ、
かれは老いしぼませ(senescere)、これは花咲かせ、同じところに、
とどまらないのだから。こうして、物の総体はたえず
新たにされ、死すべき生きものたちは互いに依存し合って生きてゆく。
ある種族は栄え、ある種族は衰え、

つかの間に生あるものの世代は替わり、あたかもリレー走者のごとく生命の松明を渡してゆく。

（二・六七―七九）

引用の最後の行にある「生命の松明」の比喩は、古代アテナイで行なわれていた松明競争に由来し、第I部で紹介した一六世紀の校訂者ランビヌスによって、プラトンの『法律』に「子供を生み育て、ちょうど松明のように、生命をつぎからつぎへと伝え」ていく(776B, 池田美恵訳、岩波文庫(上)、一九九三年)と同様の表現があることが注記されている。プラトンは、『パイドン』や『パイドロス』で個としての魂の不死論証をしているだけではなく、『法律』(721C)では、出産によって次々と子どもを残して、種族としての同一性を保つ仕方で人間は不死にあずかると述べていて、ルクレティウスのここでの主張と親近性のある見解も記している。ルクレティウスによれば、老いは、ある個体から原子が奪われていくことによって進行するが、生き物たちは相互に原子をやり取りして、世代交代を繰り返し、生命の松明を受け渡してゆくのであり、物体の総体としては変わることがない。

上り坂から下り坂へ

老化についてのより詳しい説明は、自然世界の成長と衰退についての解説(二一〇五―一一七四)が述べられる第二巻末で与えられる。成長の段階を少しずつ上っていくときには、身体から排出するものよりも多くのものを身体に取り入れることになる。その間は、「食物はすべての血管のなかにたやすく入ってゆき、そして身体はそれほど大きく広がっていないので、多くの原子を投げ捨てることなく、その年齢が摂取するものよりも多くを消費することがない」（二・一一二五―一一二七）。しかし、万物の母たる自然は、すべてのものを完成させ、成長の花盛りに導くと、生命の血管のなかに送りこまれるものの量が、体外に流れ去るものとちょうど等しい量になり、万物はその成長を停止する。その後、年齢が進むにつれて、少しずつその力と成熟した強さを減じるようになり、衰えて下り坂に向かう。

①事実、ものが大きいほど、そして拡大すればするほど、いったん成長が
　止まったときは、それだけいっそう多くの粒子を
あらゆる方向に撒き散らし、自分の身体から放出する。
そして食物はすべての血管にたやすくゆきわたらなくなり、
大量のものが大きな流れをなして流出するにしたがって
それだけのものを代わりに生み出し補給することができなくなる。

（二・一一三三―一一三八）

②それゆえ、粒子が流れ去って希薄となり、外からの
衝撃によってすべてが屈服したとき、当然そのものは亡んでゆく。

なぜなら、老年によってついに食料が不足し、
外部からは粒子が絶え間なくそのものにぶつかり続けて
消耗させ、打撃を加えて征服してゆくからである。

（二・一一三九―一一四三）

③同じようにしてこの大きな世界をとりまく防壁もまた
攻撃をうけ、衰えやがて破滅に向かってゆくだろう。

（二・一一四四―一一四五）

④事実、食物こそすべてのものをたえず新たに
補い、支え、補給すべきものなのに
それがうまくいかない、なぜなら血管は十分に受け取るだけの耐える力がなく、
自然は必要なだけの物を与えないのだから。

（二・一一四六―一一四九）

このテクスト箇所の記述はつながりが悪く、いくつかの校訂が提案されてきた。④を①の後に置いて読み、③を後代の挿入とすれば意味が通りやすい。ルクレティウスの詳細な注釈を書いたベイリー

は、詩句のつながりの不適切さを認めながらも、食物が個人の身体と同様に世界にとっても重要であるという見解を強調するために、このような詩句の配置になったのだと推測している。

血管の供給力

ルクレティウスは、ここで身体に植民都市のイメージを重ねているのかもしれない。新しく都市が建設され、植民者が入ってくる。食糧生産や交易が増えるにつれて人口が増加し都市は大きく繁栄してゆくが、発展がピークに達して都市人口が大きくなりすぎると消費の急速な拡大に対し、食物の生産や輸入がそれを養うに足りなくなる。都市のなかに食物がゆきわたらず、多くの人が餓えることによって貧困が広がり、都市の力が疲弊して、外敵からの攻撃と侵略に耐え切れずに滅ぼされるといった筋書きである。

説明が逆となったが、これと類似の成長と衰退が個々の身体にも起きるのだと考えられる。身体は、摂取される食物が出て行く物質よりも多い段階は成長する。しかし、成長の頂点に達すると衰退がはじまる。衰退の第一段階は、身体が大きくなるほど、広がるほど、そこから流出する物体がより多くなって、すべての血管に食物をゆきわたらせることができなくなり、不足を起こした体の各部で、大量の粒子の流出が続くようになる。

第二段階は、その大量の流出を補うだけの食物を受けとめる容量や力を血管がもつことができず、自然が身体に与える物量が不足する。第三段階は、大量の物質が流出して希薄になった組織に、外部から絶え間なくぶつかる物体が衝撃を与えて消耗させ、やがてその衝撃に耐え切れずに組織が破壊され、最終的には個体全体が死に至る。老化とは、入ってくる食物の量と出て行く物質の量が逆転して、身体から出て行く物質の方が多くなり、身体組織の希薄化と破壊が進行するプロセスである。

プラトンは、「いかなるものも、それから流出するものの方が流入するものよりも多い場合には減衰する」ことを原則として、身体が食物を消化して取りこめなくなり、逆に身体の内部に入ってくるものによって身体組織が徐々に分解されて解体されてゆく過程を老化であると規定していた(『ティマオス』81B–D)。ルクレティウスもプラトンも、食物の代謝機能の衰えと組織の解体流出を老化の本質とみなす点では基本的には同一の考え方を採っている。また、外部からの物質の攻撃によって衰えが加速し、最後に滅ぼされてゆく点も共通している。

異なるのは、食物の代謝の衰えの原因を、プラトンが髄の構成要素の経年劣化が引き起こす消化機能の低下とみるのに対して、ルクレティウスは血管が食物を身体組織に供給する力の不足を主な原因とする点である。「冷」と「乾燥」を老化の原理としたアリストテレスの老年の自然学にくらべれば、プラトンとルクレティウスの老年の自然学的説明は、意外なことに、より共通性が高いと言える。

魂の老化と死の恐れ

しかし、プラトンとルクレティウスの老年論が大きく異なるのは、心や精神の老いについての考え方である。原子論では心と精神も微細な原子から構成されるので、身体の老化がつねに精神の衰えを同時に引き起こすことになる。心身の老化は、魂の本性と構造と運命を取り扱う第三巻で語られている。ベイリーによれば、『事物の本性について』は人間の魂の平静を乱す二つの恐怖を問題にしている。第一と第二巻は、世界の出来事や人間の関心事に神々が介入することへの第一の恐怖を問題にしていた。その恐れを取り除くために、宇宙のすべてが原子の空間での運動によって純粋に物質的に説明できることを証明する。第二の恐怖は、死の恐怖と死後の罰への恐れである。魂も物質であり、死後に魂だけが生き残ることはないことを証明することによって、その恐怖を消し去ることができる。それが第三巻のテーマである。第三巻は、序としてエピクロス讃歌(一―九三)から始められ、魂の本性と構造が語られた(九四―四一六)後に、魂が死すべきものであることが証明され(四一七―八二九)、最後に死を恐れることの愚かしさが語られる(八三〇―一〇九四)。心身の老化は、魂が死後に残るとする議論への反論(四二五―六六九)のなかで語られている。

まず、魂が、水や霧や煙よりもずっと微細で最も小さい希薄な原子からできているがゆえに、ごく小さな原因によっても打たれて動かされることが確認される(四二五―四二九)。つまり、それは煙や霧の像によっても動かされるのであり、容器が壊れるとそのなかの水が流れ去り、霧や煙も空気のなかにすぐに拡散するように、魂もひとたび人間の身体から離れ去ったときには、それらよりもはるかに早く散って消えうせ、個々の原子に解体する(四三〇―四三九)。身体はいわば魂の容れ物であり、それが壊されたり、血管から血が抜けて希薄にされたりすると、魂を保持できなくなるのだから、われわれの身体よりもはるかに物が浸透しやすい空気によって魂が元のまま保たれることはありえない

（四四〇―四四四）。心身の老化は、「魂と身体が一体となっているがゆえに、魂が死後には存在しないことの証明」（四四五―五四七）の一例として次のように語られる。

さらにまた精神（mens）は身体とともに生まれ、ともに育ち
ともに年をとってゆくのをわれわれは感知する。
実際、幼いときは身体が柔らかく、固まらないで
よちよち歩くように、知性（animus）の判断も同じようにしっかりしない。
そのあとで力が強くなり成年に達すると
思慮する能力はもっと大きく、知性の力（animi vis）ももっと高くなる。
そののち身体が年月の強い力によって
打ち砕かれ、体力が弱り、手足が元気を失うと
才知の働きは鈍り、舌はもつれ、精神はぐらつき
何もかもが一時に不足し失われて行く。
それゆえまた、魂の本性（animai natura）も、煙のように
高い空の微風のなかに解体してしまうにちがいない。
それは私が教えたように、身体とともに生まれ、ともに育ち、
また同時に歳月に疲れて弱ってしまうのだから。

（三・四四五―四五八）

精神は身体とともに衰えるか

魂や精神が段階を追って、子どもから成人に達して老年へと衰えていく考え方は、エピクロス派のメトロドロス（前三三一―二七八）やピロデモス（前一一〇頃―五〇／四五頃）にも見られる。エピクロス派独自の教説ではなく、一般的な考え方であり、エンペドクレスやヘロドトスやガレノスのテクストにも同様の考え方があることが指摘されている。しかし、心身の段階的成長がありふれた考え方であるにせよ、原子論にもとづいて心身の一体化を文字通りに受けとるならば、身体が最も大きく強くなるときに、精神の力も大きくなり、人間が体力の頂点に達するときに、知力においても頂点を迎えることになる。それでは、老年で身体が弱くなっても、精神が明晰で聡明な人間が大勢いる現実はうまく説明されないだろう。また、魂の老化は、魂を構成する微細な原子が流出することによって引き起こされるのか、身体の変化によって魂の働きに影響を与えるからなのか、そもそも魂の原子が身体を構成する原子の変化とともにいかに変動するかは何も説明されていない。

後の箇所で、老年の精神への影響について、「デモクリトスは、成熟した老年が彼に、精神の記憶の活動（memores motus mentis）が衰えはじめたことを警告したときに、みずからすすんで死にその頭〔生命〕をささげた」（三・一〇三九―一〇四一）と述べられ、老年は精神を構成する原子の量だけではなく、その活動の変化によっても影響が与えられるとルクレティウスが考えていたことが読みとれる。しかし、そこでも魂や精神が身体の老化の影響を受けることだけが強調され、魂の老いの仕組みは明確には述べられていない。

命の終わりとは

老いがふたたび問題にされるのは、死を恐れることの愚かしさとして、生を引き延ばす願望が批判される箇所であり(三・九三一—九七七)、死の嘆きとの関連で取り上げられている。老年がもたらす最も大きな問題は、近づく死への嘆きや恐れにあると考えられるからである。

ところで、もしここに、もっと齢を積んだ老人がいて悲嘆にくれ、
哀れな様子で自分の死を過度に嘆き悲しむならば、
自然がさらに声をあげて言葉鋭く叱りつけても当然ではないか。
「ただちに涙をふけ、愚か者よ、そして嘆きを抑えよ。
お前は人生のすべての報酬を味わい尽くした果てに衰えているのだ。
しかしお前はつねにないものを渇望し、現にあるものを蔑むために、
お前の人生は不完全に、かつ不満足のまま過ぎ去ってしまい、
予期せぬうちに、お前が物事に満ち足りて
引き下がることができるより先に、死はもう枕元に立っているのだ。

だが今は、お前の年にふさわしからぬものはすべて投げ捨て、
心静かに、子どもたちにゆずるのだ。そうしなくてはならぬ」。

（三・九五五―九六二）

自然のこの叱責と非難が正しいのは、「古いものはつねに新しいもののために押し出されてはしりぞき、あるものが滅びて別のものが代わりに生まれるのが定めだから」である。しかも、誰も、下界の深淵や暗いタルタロス（奈落）に送られはしない。そして、次の世代のために老いた者は死んでいかねばならないことが続けて語られる。

次の世代が生い立つためには素材が必要である。
しかしそれらの世代もまた一生を終えては、お前のあとを追うだろう。
お前と同じように、これまでの幾世代もが亡びてきたし、
これからも亡びるだろう。こうして次々と生まれてやむことがない、
生命は誰かの所有物でもなく、すべてのものに使用されるもの。
われわれの生まれる前に過ぎ去った、永劫の時間の古い幾年代が
どれほどわれわれにとって無であるか、もう一度顧みるがよい。
さればこそ、それはわれわれの死後に来るべき時間を映す鏡として

自然がわれわれに差し出してみせるものなのだ。
一体そこに何か恐ろしいものが映っているのか、何か悲しいことが
見えるのか。どんな眠りよりも安らかなものではないのか。

（三・九六七―九七七）

自然が古い世代を新しい世代の素材として必要とするのは、前の世代と似た世代を作るために、同じ種類の原子を同じだけ必要とすると考えられているからである。生命は私有物などではなく、過去から未来へと幾世代にもわたって自然が永劫に繰り返す世代交代と新陳代謝の営みである（五・八二〇以下）。われわれの生は、永劫に世代交代を続ける自然の連鎖のほんの一つにすぎず、われわれが老いる意味は、次に新たな世代を生み出すことにある。自然の永劫回帰こそが世界の真実であり実相であり、果てしない虚空間を落下する膨大な原子の絶え間ない巨大な流れのなかに、人間の短い老年も諸々の正義も区別なくひと呑みにされて消え去る。宗教には信を寄せられない人間にとって、このルクレティウスの世界理解は、虚無感ではなく、逆に深い慰めと共感を与えるようにも思える。

しかし、原子と空虚のみが世界の究極の真実であるとする世界観においては、「われわれが実際にリアルなものとして経験している知覚的性質の彩りも、「善い」「悪い」「美しい」といった価値も、総じて生命と魂と心も、世界の基礎的図柄から原理上完全に排除されている」（藤澤令夫「哲学の基本的課題と現実的課題」『藤澤令夫著作集』Ⅲ、一九頁）のである。エピクロスは、正義とは自然に存在するも

のではなく、人間が相互に取り決める契約にすぎないと次のように述べていた。

正義は、それ自体で存在する何かではない。それはむしろ、いつどのような場所においてであれ、人びとが互いに交際する際に、相手を害することもなければ、害されることもないようにするための一種の契約なのだ。

（加来彰俊訳、ディオゲネス・ラエルティオス『ギリシア哲学者列伝』第一〇巻一五〇）

正義や善悪が世界の実相としての根拠を何らもたない以上、人間は与えられた短い生を、できるかぎり害や苦痛を避けて、快く過ごすことができればよいことになろう。エピクロス派の快楽主義とは、刹那的な快感や激しい興奮を楽しむことからはほど遠く、できうるかぎり害と苦痛と危険を避けて、平静さと平穏な生を求めるものである。しかし、苦痛がないことを快楽とみなすエピクロス派の主張は、プラトンが、ある静止状態が苦と並べられると快いと見えるだけで、快楽の真実性の観点からみて健全なものではないと批判していたように（『国家』584A–585A, 586A）、他の学派から厳しい批判にさらされることになる。

第三章　生命と精神

私は物体だ、そして私は思惟する。それ以上のことを私は知らない。
（林達夫訳、ヴォルテール『哲学書簡』一三、岩波文庫、一九八〇年、八六頁）

前章でも述べたように、第三巻は序としてエピクロスへの讃歌（一―三〇）と、死の恐怖が人々を不幸にしているため、心と魂の本性を明らかにする必要が述べられ（三一―九三）、本論として第一に魂の本性（九四―四一六）が解説される。次に魂が死すべきものであることが論証され、他の物体のように死において魂も原子に解体されるのであり（四一七―八二九）、最後に死への恐怖が愚かで無意味であることが論じられる（八三〇―一〇九四）。

ここでは、エピクロスとルクレティウスの生命論・魂論を比較し、その発展を跡づけ、古代アトミズムによる生命論の到達点がどのようなものであったかを考えてみたい。今日の遺伝子工学や生命工学の急速な進展は、重い病気に苦しむ人たちに福音をもたらす一方で、二〇一八年には中国の研究者が、ゲノム編集によって遺伝子を改変した受精卵で双子を誕生させたと発表したように、生命操作の危うさ、生命倫理規範の逸脱、また、末期医療における延命治療の問題、臓器移植の是非、クローン人間実現の危険性といった面から、科学技術が生命や身体を「物」とみなして扱っているとの批判もたえない。近代科学はその基本的構図として採用した物質的世界像から、「生命」を原理的に排除することによって目覚ましい有効性を獲得してきたが、今日その構図によって生命を取り押さえることの困難さに直面しているとも言えるだろう。

そのような問題の端緒は、一六、七世紀の近代科学の誕生期において、エピクロスやルクレティウスの古代原子論が基本的な世界像として採用され、数学的技法と結びつき、メカニカルな物質的世界観が構築された時にすでに胚胎していたのかもしれない。では、ルクレティウスの魂論を見ていこう。

ルクレティウスの魂論

原子を表わす用語の違い

ルクレティウスがエピクロスを真理の発見者と呼び、彼と競うのではなく、その足跡に従うと明言し(三・一―三〇)、その傾倒ぶりを繰り返し述べているので(一・六二―七九、三・一〇四二―一〇四四、五・一―五四)、ルクレティウスの論点はすべてエピクロスによってすでに示されていると考える傾向が今も根強くある。たとえば、ヘレニズム期の哲学に詳しいA・A・ロングは、ルクレティウスをエピクロスの単なる賞讃者ではないとしながらも、ルクレティウスは独創的な思想家ではなく、エピクロスの著作にある論点をより詳しく説明しているにすぎないと位置づけている。

しかしながら、ルクレティウスは、エピクロスよりもさらにより深く自然現象の究明を積極的に押し進めているように思われる。その手がかりは、原子論の要である原子を表わすのに用いるエピクロスとルクレティウスの用語上の違いにも現われている。ディオゲネス・ラエルティオスの『ギリシア哲学者列伝』第一〇巻に残されたエピクロスの文献において、原子を表わす用語として、不分割を意味する「アトマ」が三三回使用されている。そのほかには、構成要素を意味する「ストイケイア」が原子の規定として一回(第一〇巻八六・四)挙げられ、種子を意味する「スペルマ」が原子を指示するケースとして三回用いられているだけである(第一〇巻三九・一、七四・七、八九・五)。

これに対してルクレティウスは、原子を表わす用語としてアトマのラテン語訳である individua や atomi という語を一度も使っていない。それに代わって使用されているのは、それぞれの文脈に沿った多様なラテン語であり、少なくとも九種類の言葉が使い分けられている。物体一般を広く意味する corpora が四五七回、種子を意味する semina が一一〇回、万物を生み出す元のものとして genitalia が一五回、物質や素材を指す materia が七八回、最初の物を意味する primordia が七二回、最初の物や原理を意味する principia が八五回、要素を表わす elementa が二三回、微小物体を意味する corpuscula が五回である。また原子の「形」を意味することから、原子をも意味することがある figura が五八回使用されている。

原子を指すエピクロスの用語がほぼアトマに限定されているのに対して、ルクレティウスが原子を指す言葉の多様性に驚かされる。それはギリシア語に比べてラテン語の言語としての貧困さを嘆くルクレティウスの言葉「ギリシア人のこの解しがたい発見がラテンの詩句では明確に表わしがたい。われわれの言葉がとぼしく、事柄が新奇なため新語に多くたよらねばならないからである」(一・一三六、一・八三二など)を、空とぼけや皮肉にさえ感じさせる。この多様性にはどのような意味があるのだろうか。原子を多様な用語で述べねばならなかったことは、ルクレティウスがエピクロスのアトムの概念に、「物体」「種子」「万物の根源」「素材」「第一原理」「要素」「微小物体」「形」といった多面的性格をさまざまな局面において読み込んだことを示している。そのさまざまな局面とは、エピクロスが描いた世界像の範囲に収まっているのか、あるいはルクレティウスがその範囲を超えて理論を発展させているのか。種子を意味するスペルマと semina という語に注目して検証しよう。

ディオゲネスの明らかな書き込みと思われる箇所(第一〇巻六六)を除くと、エピクロス自身のテクストでスペルマが用いられるのは次の三箇所である。

(1)まず第一に、あらぬものからは何も生じない、ということである。なぜなら、もしそうでないとすると、何でもが何からでも生じて、種子は何ひとつ必要ではなかっただろうからである。(第一〇巻三八)

（2）というのは、動物や植物やその他観察されるすべてのものが、それらから生まれてくるであろうような種子が、これこれの世界のなかには含まれていたであろう……（同七四）

（3）つまり、世界をつくるのに適したある種の種子が、一つの世界または中間界から、あるいは、いくつかの世界または中間界から、流れ込んできて、少しずつ結合したり、分節化したり、場合によっては、他の場所へ位置を代えたりすることによって、世界は生じるのである。（同八九）

（1）は、「無からは何ものも生まれない」というパルメニデス以来の重要な原理を証明する箇所である。「無からの生成」を認めてしまうと、あらゆるものからあらゆるものが生じるという容認できない事態が帰結する、との文脈で「種子」という言葉が使われている。それゆえ種子が、ある特定のものの生成に関わるものであることは推測される。しかし、種子についてはその後に何も説明されてはいない。（2）は、世界宇宙が多数存在し、それらの別の世界においても、われわれの世界と同様の動物や植物が存在することが論じられる箇所である。種子は、それらの存在を形成する元になるものとして述べられている。種子が生命をもつ動物や植物の生成に関与することを、エピクロスが示唆するのは唯一この箇所である。（3）のテクストでは、種子に生物的なイメージはとくになく、述べられてきた種子がアトムであることがわかるだけである。以上のテクストだけをもとにして、さしあたって言いうるのは、アトムは種子とも呼ばれ、すべての生成の元になるため、動物や植物の生成の元にもなるということであろう。

ルクレティウスにおいてはどうであろうか。上記(1)の箇所は、以下に引用する箇所でルクレティウスによって詳しく論証されている。

なぜならもし、無からものが生じたならば、すべてのものからすべての種類のものが生まれること
が可能となり、何ものも種子(semine)を必要としなかっただろうに。
まず、海から人類が、大地からは鱗ある魚類が生まれ、
そして、空からは鳥類が不意に飛び出てきただろう。
牛やその他の家畜や、あらゆる種類の野獣たちが
定めなく(incerto)生まれ出て、耕地や荒れ地をしめただろう。
それぞれの木になる果実が一定していることもなく、互いに入れ替わり、
あらゆる木があらゆる実を生じることができただろう。
実際、それぞれのものに生成の元(genitalia corpora)がないとしたなら、
それぞれにきまった母親(mater certa)が存在しうるだろうか?
だが実際にはすべてのものは一定の種子(certis seminibus)から生じている以上、
それぞれのものは、それぞれの素材(materies)と基本物体(corpora prima)を内にもつものからこそ
生まれ出て、光の岸辺にやってくる。

(一・一五九―一七一)

ルクレティウスはこの箇所において、先のエピクロスの(1)から(3)の個々の論点を、一本の筋で結んで統一的に説明している。無からは何ものも生まれないという根本命題は、生物がある一定の種子からしか生まれないことによって例証されるのであり、その種子は一定の基本物体、つまりアトムから構成される。生物の誕生や種の分化や固有性を支配決定するのが、基本物体の一定の構成であることが明確にされている。なぜなら、「それぞれ一定の物には、それ独自の能力がある(quod certis in rebus inest secreta facultas)」(一七三)からにほかならない。

一定の素材から一定の物

議論を通して、この「一定」を意味するcertusという語がキーワードであり、何度も繰り返されている。基本物体の一定の構成が、生物種の各々の同型性を維持するだけでなく、生物がある定められた季節に従って成育することを説明する原理としても活用されている。

さらにまた、なぜバラの花は春に咲きいで、穀物は夏に熟し、葡萄は秋の招きに応じて実るのをわれわれは目にするのか。それぞれ固有の時期に、物の一定の種子が合流しあった時にこそ生まれ出でるものは、初めてその姿を現わすからではないのか。

季節が訪れると大地は生命に溢れ
幼いものどもを無事に光の岸辺にもたらすのではないか。
もし、無からものが生ずるなら、それらは一定の期間もおかず(incerto spatio)、
また、不適切な季節にも、突然生まれ出ることであろう。

（一・一七四―一八一）

植物の成長が季節の循環に従う典型的な例として、一定の種子が「一定の雨(certis imbribus)」に出会うことによって、大地に実りがもたらされること(一・一九二―一九三)が、挙げられている。季節がめぐり、春が訪れると枯れた大地が緑を取り戻し地上に命が溢れる、といった自然現象の回帰をもたらすのは、自然のもつ不可思議な生命力や神々の営みではなく、一定の素材からは一定の物が生ずるという原理であり、季節ごとにもたらされる一定の物体が、大地にある一定の物体と会合するからであると、ルクレティウスは明快に論じている。世界の基礎が原子と空虚であることが、いかにして自然界の秩序ある生命活動を説明するのかという反原子論者の問いは、ルクレティウスによってみごとに逆転されてしまう。われわれが経験する生命活動の秩序ある活動こそが、世界を構成し決定するのが物体であることの証にほかならない。

原子論と生命をもつ自然観との結合が、エピクロスによって論じられていた可能性を否定しさることはできない。しかし、ディオゲネスがエピクロスの著書として挙げているカタログには、直接的に

動物や植物を取り扱った書名は見られない(第一〇巻二七―二八)。残存する文献資料のなかでエピクロスが取り上げている自然現象は、雲や雨や雷といった気象現象や太陽や月の運行などの天界の構造であり、それらのマクロ的な説明から一挙に人間の感覚の分析や肉体や魂の構造の次元に絞られている。それゆえ、エピクロスの文献からは、われわれが経験している自然界の生命現象が彼の原子論によって説明されていたとは確証できない。これに対して、ルクレティウスの著作には、大地に穀物や樹木が育ち野獣が生まれ、森のいたる所で生まれたばかりの鳥がさえずり、牧場で家畜が子どもに乳を与えている(一・二五〇―二六〇)といった牧歌的情景が、全篇を通してふんだんに歌われている(二・三一五―三八〇、六六一―六七五、八七〇―八八〇、一一五〇―一一七〇ほか多数)。

ルクレティウスによって究明される世界は、天界や気象現象にはとどまらず、われわれを取り巻く生命をもった生活世界である。そこにルクレティウスがエピクロスよりも自然世界への探求をさらに深めていることを見るのは、あながち不当ではないであろう。ルクレティウスによって「種子」という言葉が、明確な生物学的説明の意図をもって多用されていたこともそのことを支持する。ルクレティウスは、エピクロスが語り残した自然界の生命現象を原子論によってより積極的に解明する努力をしていると言えるだろう。その観点にたって、次に生命論の中核をなす魂論について両者の比較を検証したい。

エピクロスの魂論との差異

身体と魂

エピクロスは魂を次のように描いている。

すなわち、魂は微細な部分から成る物体であって、(人間という)集合体全体にあまねく行きわたっており、そしてそれは、熱とある仕方で混じり合っている風〔息(プネウマ)〕にたいへんよく似たものである。つまりそれは、ある点では風に似ているし、他の点では熱に似ているのである。しかし魂には、微細な部分から成り立っている点では、風や熱そのものよりもはるかにまさっていて、そしてそのことゆえに、(人間という)集合体の残りの部分(身体)ともいっそうよく共感しているところの、〈第三の〉部分があるのである。

(加来彰俊訳、ディオゲネス・ラエルティオス『ギリシア哲学者列伝』第一〇巻六三)

この箇所から多くの注釈者たちは、エピクロスによると魂が物体であるアトムからのみ構成されており、具体的には熱と風・息(プネウマ)と第三の名前のないより微細なアトムの三種のアトムの混合によって形成されていると解釈している。これに対してルクレティウスの魂論はどうか。次の二点においてエピクロスとルクレティウスが異なっていることが指摘されている。

①「魂の区分」

エピクロスではディオゲネスの明らかな書き込み部分(第一〇巻六六)を除けば、理性的部分(ト・ロギスティコン)と非理性的部分(ト・アロゴン)の区別がなされていないが、ルクレティウスは魂を精神の座であるアニムス(animus)とそれに支配されるアニマ(anima)に明確に区別している(三・一三六—一六〇)。アニムスはmens(思考、知性)とも呼ばれ(三・一三九)、胸の中央に位置している。他方のアニマは全身にゆきわたっている。

②「魂の構成要素の違い」

ルクレティウスにおいては、魂を構成するアトムの種類は三つではなく四つである。すなわち魂は、風・息(ventus, aura)と熱(calor, vapor)と空気(aer)と第四の「名前のない(nominis expers)」アトムから成り立っている。

まず、①「魂の区分」について考えてみよう。エピクロスにとって、魂とは身体に生命を与える原理であり、魂は身体とともに生まれることによって、感覚能力をもち身体にも感覚を分け与えるものであった(第一〇巻六四)。他方で魂は感情や思考などの諸能力をもつ(同六三)。だがエピクロスは、魂がもつ精神的機能と身体感覚機能や生命原理との諸関係を、まだ明確に意識していないように思われる。それらの機能の間の対立が意識されているとは読みとれない。けれども、身体感覚的機能と精神的機能が対立する場面をわれわれは日常的に経験しているし、その対立が、魂を身体や物質から区別する証明としても論じられることがある。

プラトンも、渇いている時に水を飲まないように、空腹の時に食べないように、身体の状態に反して魂が行動を導くことがあることを、魂が身体や感覚的存在とは異なる実在であることを語る議論の一つに用いていた(『パイドン』94B–95A)。身体の状態や感覚に反する「魂の自発的働き」と見えるような人間の行動を、身体と魂をともに物体とみなす原子論の立場からはどう説明するのか。ルクレティウスはその課題をはっきりと意識し、それに答えるためにアニマとアニムスの区別をしているように思われる。

何ものも魂(anima)や身体を同時に刺激することがなくても、
この精神のみが自分だけで知る力をもち、自分だけで悦びをもつ。
そしてちょうど、われわれの頭や目が苦痛に攻められて
痛んでいても、身体全体がそれとともに苦痛に苛まれることは
ないように、同様に精神(animus)は自分だけで苦痛を感じたり
悦びに元気づいたりする時がある。たとえ手足や身体にゆきわたっている魂の

他の残りの部分が、何か新しい感覚に刺激されなくても。

（三・一四五―一五一）

精神を物体ではないとみなす必然はない

精神が身体から独立した働きをもつことは、両者が物体であることに何ら反しないとルクレティウスはここで説いている。身体の一部の痛みが身体全体の痛みではないように、精神も身体の一部でありながら、残りの身体とは異なる働きをすることがありうる。すなわち、身体に対する精神の優位性を認めても、それは物体の質的機能的差異の問題であり、精神を物体ではないとみなす必然はない。むしろ、精神が恐怖にうたれると、体中にゆきわたった魂(anima)がそれに共感し、全身に汗が流れ青ざめ舌がもつれ、手足の力が抜け、ときには卒倒まですするように、すぐに身体状況に響くことを経験している（一五二―一六〇）。それほどまでに精神と魂と身体は一体に結ばれている。そのことはとりもなおさず、精神や魂が身体と同じく物体であることの根拠であると、続けて論じる。このようにアニマとアニムスの明確な区別においても、ルクレティウスの理論的前進が見られる。

次に、②「魂の構成要素の違い」について見てみよう。なぜルクレティウスは、風・息と空気を区別する必要があったのか、以下の彼の短い説明はその理由をあまり明らかにしてくれていないように思える。

まさに死なんとしている人からは、何かかすかな風・息(aura)が
熱(vapore)を混じえて逃げてゆき、熱は空気(aer)をともなって去る。
空気と混じり合っていない熱(calor)は存在しない。

（三・一二三二―一二三四）

動物の生命の徴である一定の体温と呼吸作用が、熱と風・息を魂の構成要素とすることに影響しているのはまちがいないが、風・息と空気の区別の必要性はあまり明確ではない。

ここでは伝染病で死にゆく人間がリアルに想像されている、と考えることができるかもしれない。高熱による荒い熱い息づかいが、だんだん静かになってゆく。やがて目に見えるような息づかいが消える。しかし、身体にはまだ熱が残っている。その熱はもはや息によって放出されるのではなく、身体のすぐ外をとりまいている空気（四・九三四）のなかに失われてゆき、やがて冷たい軀《むくろ》だけが残される。臨終のより凄惨な情況をルクレティウスは第六巻のエピローグで描いている（六・一〇九一以下）。アテナイを襲う恐ろしい疫病である。ルクレティウスによると伝染病は腐った空気によって運ばれる（四・一一二〇）。疫病で次々に死にゆく人間の観察と描写が、ルクレティウスに風・息と空気の区別をさせたのかもしれない。

風と空気の区別

しかし、以上のことは推測の域をでない。風・息と空気の区別を考えるときに、空気を火(ここでは熱)とともに、世界を構成する四元素とみなしてきたギリシア哲学の伝統をむしろ考えるべきかもしれない。ルクレティウスにとっても、息をするときに体内に吸収されるものは空気にほかならない(四・九三五—九三八)。そうであれば、風・息を空気からは独立したアトムとして、魂の不可欠な構成要素として残すことの方が奇異な感を与えるだろう。

しかし、その空気を動かすものはいったい何か。われわれは、息を動物の呼吸作用とみなすが、ルクレティウスには、息は水分を含んだり熱を帯びたりする微粒な物体であり、空気と混じり合い、それら他のアトムを運ぶ機能をもつ運動性にすぐれた独立のアトムと考えられたのだろう。風と空気の区別に続く感覚の説明においても、第四の名のないアトムがもたらす運動を熱と風・息のアトムが受け取り、それから後に空気のアトムが動き出すとされている(三・二四六—二四八)。ルクレティウスは運動性の観点から、風・息を空気から明確に区別したうえで、呼吸作用という生命現象に深く結びついた風・息を、魂を構成する不可欠なアトムとして位置づけたと考えられる。

名前のないアトム——魂の魂

名前のないアトムの本性

ここまでに述べたエピクロスとルクレティウスの魂論の違いよりもさらに重要な発展が、ルクレティウスによって試みられている。それは、魂を構成する「名前のないアトム」の本性に関わる。エピクロス学派は、このアトムに名前がないことをかなり批判されたが、それには「それがあまりに名状しがたく精妙であるので、思弁的に名前を与えることができない」といったおよそ満足のゆかない答えしか与えていないと言われている。便宜上、ここでは第四のアトムと呼ぼう。第四のアトムは、ルクレティウスでは次のようなものとして要請されている。


けれどもこれら〔風・空気・熱〕が全部集まっても感覚を生むには十分ではない、なぜならそのどの一つとして、感覚をもたらす運動と精神によって思いめぐらす考えとを生み出しうるとは、精神は認めないのだから。

それゆえ、これらのものに何か第四の本性も加えなければならない。そのものはまったく名前をもっていない。これよりももっと動きやすく、もっとかすかなものは存在せず、より小さくより滑らかな要素からできているものはない。

そのものが最初に感覚の運動を手足に伝えるのだ。

なぜならそれは、微細な形からできているために、最初に動かされるのだから。その後、熱がその運動を受けとり、そして風の目に見えぬ力がそれを受けとり、ついで空気が受け、それからすべてのものが動き出す。

（三・二三八—二四八）

第四のアトムは、「感覚をもたらす運動（sensifer motus）」と思考を生み出すものとして必要であり、アトムのなかで最小、かつ最も滑らかな形態をしているために、最初に動かされて、動くとされる。エピクロスは第四のアトムを、熱や風のアトムよりも微細であるがゆえに身体とより共感するとは述べていたが、魂を構成する他のアトムに感覚をもたらす運動を与えるとまでは位置づけていなかった。ルクレティウスも魂の各要素がどのように結合して働いているかを説明することは、困難であるとしている(三・二五八—二六〇)。互いに入り組んで働いているために、どれか一つが単独に切り離されたり、その能力が他から空間的に区別されて働いたりすることはありえないと言われる(三・二六三—二六五)。そのことは、「動物の肉のなかのいたるところに香りと色と風味があるが、それらすべてからは全体としてただ一つの肉片が構成される」という例にもたとえられている(三・二六六—二六八)。しかし、第四のアトムが感覚をもたらし、魂全体を、そして身体をも支配することは続く次の箇所でも明らかである。

この第四の力は運動の始め(initium motus)を自分から他のものに分かち、
そこから感覚の運動が初めて肉体全体を通じて起こるのである。
すなわちこの第四の本性は、まったく奥深く隠れひそんでいて、

われわれの身体の中でこれよりも深く秘められたものはなく、
魂の全体に対して、そのまた魂にあたるものである。

（三・二七一―二七五）

第四のアトムの力は、「魂の全体に対して、そのまた魂にあたるものとして、全身を支配している(dominatur)」(三・二八〇―二八一)。このルクレティウスの言明は、エピクロスの魂論では第四のアトムの優位性にふれただけで曖昧なまま残されていた魂の構造を、エピクロスが示唆する方向に従って明確にしたと言えるだろう。魂に感覚や思考の最初の運動を引き起こすものが第四のアトムの力に同定され、魂を魂として形成する「魂の魂」と呼ばれる。しかし同時に、このような明確化は、原子論の原理を踏み破る危険を冒している。それは原子が形と重さと大きさ以外の属性をもたない、とするエピクロスの掲げる原子論の根本原則(第一〇巻五四)に抵触するように思えるからである。

原子論の枠組みにとどまるか

魂が身体を通して外部から受けた動きを、第四のアトムが受け取ることによって、感覚の最初の動きがもたらされるだけなら、まだしも原子論の枠組みにとどまるとする弁護も成り立つかもしれない。しかし、ルクレティウスは、アトムからなる魂が身体を支配すると言明しているからには、突きつめて考えれば、魂が身体を動かす運動は、魂が出発を与えると考えざるをえないだろう。そうであれば、第四のアトムに最初の運動を引き起こす始動因の働きを求めざるをえなくなる。最も微細で滑らかで運動しやすい第四のアトムが、運動の始めを自分から他のアトムに与えると記述せざるをえない。

ここにいたって第四のアトムには、みずからの動を他のアトムに分け与えて、魂を魂として形成する働きが要請される。本来、形と大きさと重さ以外には属性をもたず、生命をもたない物質であるはずのアトムに、ルクレティウスは密かにある種の「物活論」を読み込まざるをえなくなっているのではないか。ルクレティウスは、第四のアトムに、感覚や思考の最初の運動をみずから生み出すこと、魂を構成する異なったアトムを結合させて魂として統一させることの二つを要請していると考えられるからである。まったく生命や意志をもたない物質による記述を進めているように見えながら、いつの間にかその物質に生命的な要素や振る舞いを読み込んでいる危険がここにもある。ルクレティウスはエピクロスの原子論による生命・魂論を発展させ、その方向性を明確にした。しかしその結果は、まったく生命をもたない原子と空虚によって生命を記述するという古代原子論のモチーフの達成点とともに、限界をも呈示しているように思える。

アトミズムの生命論の到達点と問題

以上見てきたように、ルクレティウスは、生命論や生物学的領域においても、エピクロスの理論を継承し発展させている。ルクレティウスは、基本物体の一定の集合である種子という概念によって、生物の発生や成長のほか、遺伝といった現象さえも説得的に説明している(四・一二〇九—一二三二)。

さらに、その種子に生命を与えているのは物体からなる魂であり、その魂はアニマと呼ばれて身体全身にいきわたっている部分と、そのアニマを通じて身体全体を支配するアニムス(精神)と呼ばれる上位部分とに区分される。そのことによって、原子論にもとづきながら精神の一定の優位性を述べうるサイコロジーが可能になっている。そのようなアニマとアニムスの結合である魂は、風・息と熱と空気と第四のアトムから構成され、そのなかでも第四のアトムが、感覚や思考を生み出す動を与えるものであり、「魂の魂」と呼ばれる。生命論の基底である魂を徹底的に分析する最終局面では、第四のアトムに、魂を構成する他のアトムへ感覚や思考を生み出す最初の動を与える力と、四種のアトムを一つの魂として結合し統合する力まで要請される。

アトムとアトムを統合するそのような力の問題は、後にエピクロス派からストア派に受け継がれ、火と空気からなるプネウマが宇宙全体に充溢しているという理論によって、より整合的な説明が試みられるようになる。一七世紀のニュートンの万有引力の理論は、ストア派の物質的なプネウマの力をプラトン的に非物質化したものとも言われる。しかしながら、ルクレティウスが「魂の魂」である第四のアトムに要請した内容自体は、本来、形と大きさと重さとしかもたず、意志も生命ももたないとした、エピクロスの掲げたアトム本来の規定を逸脱する。そのようなアトムとはいったい何か。それは永遠に名づけられないものと言わねばならない。

第四章　感覚と恋愛

私はルクレティウスによく通じている。……とくに第四巻がおそらく最上であり、愛についての詩句の全体は、最も深い真理であるとともに、言語の抗しがたいエネルギーに満ちている。

（シェリー「書簡」一八一七年七月六日付）

心象・恋愛・遺伝

あらゆる感覚や心象の基礎

第四巻では、ムーサの未踏の仙境を行く悦びが語られた後に、シムラークラの基礎理論（二六―二一五）が提示され、まず視覚に適用される（二一六―四六八）。物体の表面からは、たえず軽く速く飛ぶ原子の薄い膜(シムラークラ)が剝がれ出ており、その一つ一つは見分けることができないほど薄いが、絶えず放出されたものが目に届くと精神に達して視覚が生じる。このシムラークラの理論が、あらゆる感覚や心象の基礎になる。感覚一般への信頼が確認された(四六九―五一二)後、シムラークラの基礎的理論が、視覚以外の他の聴覚、味覚、嗅覚についても同様に適用される(五二二―七二一)。また、本書第Ⅰ部第二章でもすでに述べたように、視覚を生み出す原子の被膜よりさらにいっそう希薄な像が飛びかい、像どうしが出会うとクモの糸のように絡み合ってつながり、それらが目を通さずに、身体の小さな穴を通って入り込み人間の精神を動かすことによって、ケンタウルスのような奇怪なイメージを含めて、さまざまな心象が生み出される(七二二―八二二)。

次に身体器官の生理学的仕組みに焦点が移され、飢えと渇き、人体の運動のメカニズム、眠りのメカニズム、夢と夢に影響を与える快楽や仕事や生活との関係が説明される(八二三―一〇三六)。そのなかで興味深いのは、目的論的説明が否定されていることである(八二三―八五七)。見る目的のために目が作られ、生存に必要なことをなすために手が両側に助けとなるよう与えられたとするのは、逆立ちした推論にもとづく本末転倒であるという。

なぜなら、役に立つようにと身体に何かものが生じるのではなく、
生じたものが役に立つのだから。
目の光が生じる前に見えることはありえないし、

舌ができる前にものを言うこともありえない。
音が聴き取られるよりもずっと前に
耳ができたのである。たしかに四肢のすべても
私が思うに、それらの使用が起きる前にできていたのだ。
それゆえ、それらは用いられるために生じたのではない。

（四・八三四―八四二）

職人と人工物をモデルに、神が身体の四肢や器官をそれぞれの目的にそって作ったとみなすことは、自然と技術のアナロジーを誤って適用していることになる。人工物は――たとえば、歯や爪で切り裂くよりも、石器やナイフを使う方がよく切れるように――自然のなかにすでに存在していた何らかの機能をよりよく果たすために製作される。しかし、目が作られる前にはそもそも見るという機能は存在していなかったのであるから、見るために目を作るということは誤った推論になる。多くのキリスト教思想家たちが好んで用いてきた「設計からの論証」が誤りであることを、ルクレティウスはここで明確に論じている。生理学における目的論の否定は、生物に無目的に起こるさまざまな変異（突然変異）が、厳しい自然環境によって淘汰され、生物の進化に方向性が与えられるというダーウィンやウォレスの自然淘汰説につながる考え方であろう。ダーウィンの『種の起源』（一八五九年）が発表されると、ルクレティウスはその支持者とみなされたのである。

恋愛についての解釈

第四巻で最後に取り上げられるのが、恋愛のテーマである(一〇三七―一二八七)。感覚を主要テーマにするこの巻で恋愛が取り上げられるのは、成人の身体に多量の種子がつくられるため性欲が生じるとする生理学説明と関連することと、愛する人の姿形、その視覚像が恋愛を生む大きな原因となるからである。恋する相手の姿形を見て、ウェヌスの矢で射られて痛手を受けた者は、傷を負わせたその人に向かって行き、身体から身体に液(種子)をふきだして射こもうと焦がれる。愛はウェヌスから生じ、ウェヌスの甘美な雫が心臓にしたたって、氷のような悩みがそのあとに続く。したがって、ウェヌス(性)の快楽は受容してもよいが、恋愛は苦しみにつながるので避けねばならない。愛する者がいなくてもその像はかたときも離れず、その快い名前は耳につきまとって苦しめるから、そのような像の誘惑から逃れるべきである。他のことに心を向けかえ、身体にたまった種子は誰であれ放出するようにして、たった一つの愛を思いつめて、必ず襲う悩みと痛みを待つべきではない。ウェヌスの快楽は、愛を避ける人の方は純粋に享受できるが、恋に悩む人はそうではない。

恋する者たちの熱情は確信のもてない不安に波だち、
その目と手でまず何を楽しむのかもわからない。
恋い求めたそのものを強く抱きしめては身体に痛みを与え、

小さな唇に幾度も歯を押しあて、荒々しく口づけを浴びせる。
それは、その悦びが純粋ではなく、針が隠されていて、
その針が、かの狂気の芽を生い立たせるもの、たとえ何にせよ
そのものを傷つけるように駆り立てるからなのだ。

（四・一〇七七—一〇八三）

魂の平静を妨げる恋愛の苦悩と苦痛を避けて、むしろフリー・セックスを勧めているとも受け取られかねないこれらの主張が、ルクレティウスの静的な快楽主義を、淫乱で猥褻な快楽主義として批判する格好の材料を与えることになった。ハッチンソンの翻訳はこの四巻末の恋愛論全体を削除し、クリーチが最初に出版した英訳では、猥褻で不穏当と思われた箇所を削除改竄している。

受胎と遺伝

恋愛論の後には受胎と遺伝について語られている（一二一〇—一二三二）。男女の種子が入り混じるとき、女の種子が男の種子にうち勝つ場合には、母親に似た子どもが生まれ、その逆の場合には父親に似た子どもが生まれる。男女の種子に勝ち負けがない場合には、両親の顔をまじえた子どもが生まれる。つまり、生まれる子どもは、より多くの種子が含まれている者に似るのである（一二三〇—一二三二）。ときには祖父母や曽祖父母の顔形をした子どもが生まれる場合もあり、それは次のように説明

される。

そのわけは両親の身体はそのなかにつねに多数の種子を
さまざまな仕方で混ぜ合わされた形で隠しもつからであり、
それらは親たちがその家系の根幹から受け取って次代に手渡してきたもので、
ウェヌスはそれを用いてさまざまな種類の顔を作り、
祖先の表情、声、髪形までも再現するからである。
なぜならそれらはわれわれの顔、胴体、四肢と同じく
一定の種子から作られているのだから。

（四・一二二〇―一二二八）

多数の原子が多様な仕方で混合されたそれぞれの種子のグループが、親から子に代々伝えられていて、それらの種子からわれわれの身体が形成されるから、隔世遺伝も生じることになる。現代の遺伝学の祖となったメンデルは遺伝子という言葉を使用しなかったが、細胞に含まれる遺伝的な要素(Element)という言葉を用いている(『植物雑種の研究』)。ルクレティウスが、原子を指す言葉の一つにelementaを用いていたことを思い起こせば、メンデルがこのような詩句から何らかのインスピレーションを受けていたとしても不思議ではないように思えてくる。

第五章　世界と社会

諸君の前に二つの大現象がある。生気なき状態から感覚ある状態への過渡、および生命の自然発生。これで十分ではないか。

（杉捷夫訳『ダランベールの夢』、『ディドロ著作集』第一巻、一九七六年、二二〇頁）

人間は生きやすくない

第五巻では、エピクロスの発見はヘラクレスの功業にもまさるという讃歌（一―五四）の後、この巻では世界や天体を扱うという主題が提示され（五五―九〇）、本論の第一部として、この世界が原子の集積から造られたものであり、いつかは滅びるものであることが述べられる（九一―四一五）。

まず、日や月や星は神々ではなく（一一〇―一四五）、神々は人間とは関わりをもたず（一四六―一五五）、世界は神々によって人間のために造られたものではないとして、この世界の創造説が否定される（一五六－一二三四）。なぜなら、自然は欠陥だらけであり、大地の大半を人間には恐ろしい野獣のすむ山々と森が占め、岩々と沼と広大な海が広がっている。残された平野も自然が草藪を生い茂らせ、人間は生きるために呻きながら土を耕さねばならない。人間が労苦した作物も、太陽の熱で焼かれ、急な雨や冷たい霜や嵐によって台無しにされる。季節は病気をもたらし、死は早すぎる。幼子は生命に役立つものを何一つもたずに生まれ、周囲を悲しい泣き声で満たすが、それはこの世で多くの禍いを経験しなければならないものにふさわしい。これに対して牛や野獣はすくすくと育ち、乳母も着物も武器も城壁も要しない。彼らに必要なものはすべて、大地と自然とが豊かにもたらすからである。以上のように、世界を神が人間のために造ったとする創造論者の考えは、この自然世界が人間には生きやすくはなく、人間を楽しませるためにはできていないと棄却される。

次に大地や水や風などはすべて、生まれてはやがて死すべき物体からできているのであるから、この世界の本性も同様に死すべきものであることが論じられる（二三五－四一五）。大地は雨や洪水で削り取られては、また太る。大地は生みの親であるとともに、すべてのものの墓場である。海、川、泉は湧き出すが、また取り去られる。空気も物体から生まれ、物体に帰る。太陽の光も消えゆき、石や岩も不滅ではない。この宇宙はまだ新しく、世界の本性は年若いものであり、ずっと昔に始まったものではない。世界の本性は、固い密な物体ではなく、空虚を混じっているため解体され、世界の各部分は互いに戦っているため不滅ではない。

宇宙と大地

本論の第二部では、大地と空と海の成り立ちと、太陽、月、天体の生成と運動が論じられる(四一六—七七〇)。それらの形成も、一つの計画や精神によって生み出されるものではなく、無限の過去から多数の原子が衝突し、あらゆる種類の結合と運動を繰り返すなかで、作り出しうる限りのものを一つ残らず試み続けたあげく、原子の会合の中から生み出されたものである。ここでは世界の偶然的発生論が明確に述べられている。最初は新生の嵐、あらゆる種類の原子の混沌とした状態から、似かよったものが互いに結合して、世界を分離してゆき、大地から高い空を、さらに海を分かって大きな部分が配置された。大地の原子は重くかつ絡み合っているため低い位置を占め、火を運ぶアイテールが空に昇り、軽い火が大量に立ち昇る。その後に太陽と月が、大地とアイテールの間に生まれた(四一六—五〇八)。

続いて天体の諸運動とその原因について説明される(五〇九—七七〇)。天体の運動の原因については、大きな天球が回転することで他の星々を引きまわすのか、アイテールの火が飛び回るからか、そのほかにも可能性のある諸原因が挙げられる。それらのうちの一つが天体の運動の原因であるにちがいないが、「しかし、そのどれであるかを教えることは、一歩一歩進んでいく者のなすべきことではない」とされている(五三一—五三三)。ルクレティウスは考えられる複数の仮説を残して、その後の探究に委ねる姿勢を示している。大地は空気と結合して世界の中心部で静止しており、太陽と月の大きさは感覚にとらえられるとおりで、小さな太陽から、小さな泉の流れが広い田畑を潤すように大量の光が放出されているとする。夏至と冬至の回帰線の間を移動する太陽の運行の原因については、デモクリトスの説などが挙げられ、月の満ち欠けなどについても複数の原因が挙げられる。日の出没や、季節による昼夜の長さの違い、日食や月食についてもその仕組みの説明が試みられている。

生物の誕生と絶滅

第三部では、植物、動物、人間を含む生物の誕生が論じられる(七七一―九二四)。まずはじめに大地が、全平原に草の類と緑の輝きを与え、木々を成長させ、次に四足の獣や鳥類や人間を生み出した。すべて生物は母なる大地から生まれたのであり、今なお多くの動物が雨と太陽と熱によって大地から生まれてくる。不思議な顔や手足をしたものや、奇怪な生き物も生まれたが、自然がそれらの成長を禁じたため、種族を残すことができなかった。動物の種族も多数滅びたが、狡知や敏捷さなどの特性によって生き残り、人間に保護されることで生き延びた動物もいる。ルクレティウスは、どのような生物が生存するかを決定する際に、絶滅が主要な役割を果たしているとする考え方を展開しているが、それはエラズマスの孫のチャールズ・ダーウィンによって展開される見解でもある。また、相反する性格が一つの個体に同居することはないので、半人半獣のケンタウルスや多獣の異形をしたスキュッラやキマイラなどはそもそも存在しなかったとされている。

最終の第四部において、人間の原始生活から文明や社会の進歩が取り上げられる(九二五―一四五七)。

エラズマス・ダーウィンにも大きな影響を与えた技術の発生と文明の発展史である。これをやや詳しく見ておくことにする。

技術の発生と文明の発展史――プロメテウス神話の否定

生活のための知恵

ルクレティウスの技術と文明に関する考え方は、それまでにあったプロメテウス神話を完全に否定するものである。そのため、まずはプロメテウス神話について触れておこう。

技術と人間との関わりを問う最古の文書が、アイスキュロスの『縛られたプロメテウス』である。プロメテウスが、無知で惨めな状態にあった人間に、苦しみと悲惨から解放する技術と火を与えたという有名な物語である。プロメテウスが人間に与えた技術として挙げられているのは、住居づくり、天体の観察による季節の判定、数の発見、文字の発明、獣の飼育方法、馬車の利用、船の建造、医療と薬の利用、占いの方法、青銅・鉄・銀・金の鉱物資源の発見と利用であり、「人間のもつあらゆる技術はプロメテウスが授けたもの」とされている(四四〇—四七〇)。藤澤令夫は、このプロメテウス神話から技術の本性として、①人間を悲惨から救う「知の福音」としてすぐれた利点をもつこと、しかし、②技術は「必然(アナンケー)」、つまり、「自然の法則」などに比べれば「はるかに力の弱いものである」こと、にもかかわらず、③人間は「必然」に対する技術の限界を観ることができずに、その力を過信して、やみくもに技術を推進することによって幸福が達成されると信じる「盲目的な希望」をもつとする三原則を描き出している(「技術とは」『藤澤令夫著作集』Ⅲ)。

これに対して、プラトンは、ソフィストの長老プロタゴラスを語り手にしてプロメテウス神話を解釈し直したときに、技術に二つの重要な区別を設けた。「製作の技術」と、「いましめ(アイドース)」と「つつしみ〈正義〉(ディケー)」を基礎にして成り立つ、国家社会をなすための「政治的技術(ポリーティケー・テクネー)」(『プロタゴラス』321D, 372B)である。製作の技術は、外敵からの防禦と種族の保存のために、他の動物たちに与えられた翼や毛皮や蹄のような生理的適応にかわって、裸のままで身を護る武器を生まれつきもたない人間が、自然環境に適応するために人間に与えられた生活のための知恵である。

プロメテウスは、技術知を可能にする火とともに、鍛冶・工作の神ヘパイストスと知恵・技術の女神アテナから、技術知を盗み出して人間に与えた。技術知は神のものであり、人間には神の性格の一部分が分け与えられたので、人間は神との近しい関係から、人間だけが神々を崇敬し、祭壇や聖像を作った。次に製作の技術によってまず言葉を作り、家や着物や履物を作り、大地から食物を見出し、人間に生存の道は開かれたけれども、彼らはばらばらに住んでいたので、強い獣たちに滅ぼされかけた。そこで人間は集住するようになった。しかし、「人間たちは、互いに寄り集まり、国家をつくることによって身の安全をはかろうと求めたけれど、彼らは寄り集まるたびに、政治技術をもっていなかったため、互いに不正を働き合い、かくしてふたたびばらばらになって滅亡しかけていった」(同

322B）とされている。

新プロメテウス物語においては、原初の人間が悲惨な状態であっただけではなく、製作の技術しかもたない人間も、ふたたび滅びに至る悲惨な状態に陥ることが示されている。製作の技術だけでは人間は滅びる定めにあり、人間の生存を可能にするのは政治的技術である。それは最高神ゼウスのもとにあり、人間の種の絶滅を心配したゼウスが、少数の専門家たちに与えた製作の技術とは異なり、すべての人間に「いましめ」と「つつしみ」を分配して、この技術が成り立つようにしたとされる。

文明の発展

では、ルクレティウスの技術の発生と文明の発展史を見てみよう。それは第五巻の終わり（九二五―一四五七）で大きく取り上げられている。まず、原初の人間は、現在の人間よりもずっと荒々しく（durius）、「内部の骨格はより大きくより堅固で、強い筋肉がつき、暑さや寒さにも慣れない食物、身体の病気にも容易に屈しなかった」（九二五―九三〇）と想定されている。農耕の知恵を知らなかった原初の人間は、野獣のように裸で彷徨しながら、大地の与えるドングリや梨などの木の実を食べ、他の強い野獣に襲われる恐怖に怯えながら暮らしていた。

人間が文明的生活を送る第一段階は、家族生活の始まりである。「それから小屋と毛皮と火とがそなわり、妻が夫に結ばれて一つの家に住み、結婚の掟が知られ、わが身から子どもが生まれるのを見てから、その時はじめて人間は穏やかになり始めた」（一〇一一―一〇一四）。火のおかげで寒がりになった人間の身体は、もはや露天で寒気に耐えることができなくなった。また、自分の子どもとの触れ合いによって猛々しい天性をくじかれ、隣人と友情を結ぶことをはじめ、互いに傷つけあうことをやめて、弱いものを憐れむのはすべての人にふさわしいと悟るようになった。あらゆる仕方で協力が生まれたわけではないが、人類のかなりの部分がその掟を守ったので、人類は滅びることがなかったのである(一〇一五―一〇二七)。第二段階として、自然が人間に言葉を用いることを教えた(一〇二八―一〇九〇)。第三段階では、火の起源と使用が説明される(一〇九一―一一〇四)。初めて人間に火をもたらしたのは雷であり、雷によって木が燃えたり、木の枝や幹がこすり合わされたりすることによって生じた火が人間にもたらされ、太陽の光線と熱によって多くのものが柔らかくなることから、人間は火の熱で食物を料理することを学んだ。

第四段階が、王の建設した都市の成立と文明の発展であり(一一〇五―一一三五)、第五段階では、王政の崩壊とそれに代わる法律の制定、民主的政治制度の成立の経緯(一一三六―一一六〇)が述べられる。第六段階が、神々への崇拝の起源とその批判である(一一六一―一二四〇)。最後の段階として、さまざまな技術や芸術の発展が次々に述べられる(一二四一―一四五七)。青銅、金、鉄、銀の発見と使用法に始まり、鉄と武器の発展、織物、農耕、音楽、天文学の発達、文字の発明、そして、最後に文学、彫像、絵画などの芸術活動の発展で締め括られている。

神話を排した合理的説明

この文明発展史の特徴として、第一に目を惹くのは、脱神話化と自然にもとづく合理的説明である。原初の人間の状態をか弱いとしたプロメテウス神話とは異なり、人間が原初の状態において、現在よりも荒々しく、身体が強く、他の野獣のように裸で暮らしていける生物学的適応ができていたと想定されている。そうでなければ人間は種として短い間も生存できなかったであろう。人間に火をもたらしたのは、雷のような自然現象であり、人間が太陽の熱から類推して、火を調理に用いたと説明され、火の使用においてもプロメテウスへの言及はまったくなく、神々の働きは諸技術の発展の説明からいっさい排除されている。火の使用によって、露天での寒気に耐えられない身体に変化したとされる。人間が裸では生きられないのは、技術の使用が人間の身体を変えた結果なのである。

第二に、家と火と毛皮とともに、家族の形成が文明の起源だとすることも特徴的である。家族の誕生によって、自分の子どもに対する愛情が人間の猛々しい性格を変え、弱いものを憐れむ掟の基礎になったばかりではなく、そのような倫理的掟が多くの者に守られたがゆえに、結果的に人類は滅亡しなかった。倫理は家族関係を基礎に自然発生的に生まれ、人類の生存に寄与することで保持されることになった。友情や正義の起源が原初の社会契約説によって説明されていることは注目に値する。

そして第三の特徴が宗教批判である。自然の驚異への畏怖から宗教は誕生したとされ、人間が天上の働きや季節のめぐりゆき、雨、雪、雷などの自然現象の原因を知りえなかったために、神々の計り知れない能力を想定して、すべてを神々にゆだねるという逃げ道をとったという。しかし、真実の敬虔とは、祭壇に犠牲を捧げることではなく、「ゆるぎない心をもって万事を眺めうることだ」とする自然の観察に基礎を置く原子論の立場が宣言されている。

以上のように、神話的な枠組みや神々の働きをいっさい排除し、人間は自然を導き手として技術を見出し、技術がもたらす生活の変化が人間の身体や精神に変化を及ぼしながら、「実践(usus)と活発な精神の経験的知識(experientia)とが、一歩一歩進みながら少しずつ教えた」(一四五二―一四五三)と述べている。長い年月をかけて人間がさまざまな技術を発展させてきたという、経験的で進化論的とも言える技術と社会発展の説明は、現代のわれわれの常識にかなった内容をもつように思われる。古代原子論は、自然現象の合理的な説明方式として力強い説得性をもつだけではなく、技術の発生史や人間の文明の起源においても、科学技術文明を生きるわれわれの常識に適合する説得力を内包していた。

しかし、原子論者にとって、技術と自然との関係はいかなるものであったのか。たしかに、技術を導くものは自然とされている。だが、その導かれた技術そのものも自然であると言えるのか。原子論者にとって世界のなかで自然に真実に存在するものは、アトムと空虚のみである。彼らの技術の概念は、自然と人為的なものを鋭く対立させる「ピュシス対ノモス」の対立概念の俎上にのせれば、ノモス(法律習慣)の側に組み込まれる。自然は技術の導き手であるが、技術そのものがピュシスとなるわけではない。

ルクレティウスは、技術そのものがたえず変化を続けていることを強調し、「今もある種の技術は磨かれ、今なお成長しつつある。今日も航海術には多くのものがつけ加えられ、いましがた音楽家は諧調に富むメロディーを生み出したばかりなのだ」(三三三一―三三三四)と歌っている。そこからは技術がたえず生まれ、変化を続けてとどまるところがないとみなす技術革新の原則を導き出せるが、それは技術が自然本性をもつものではないことにも関連がある。

技術追求のリスク

さらに重要なことは、ルクレティウスによれば、技術は徐々に発展や進歩を遂げているが、しかし、そのことが必ずしもより高い繁栄や幸福を人類に約束しないことである。金の発見が富や権力の空しい争いを生み出し(一一一三—一一三五)、武器の発達が人間に恐怖を与え、戦いを恐ろしいものにしたと述べられている(一三〇五—一三四九)ように、技術や文明の発展には多くの誤りがあることが指摘され、技術や技術的所産に由来する快楽を過度に求めることに対する倫理的批判が織り込まれている。そして、技術や文明の進歩についてもルクレティウスは、懐疑的な態度を示している。たとえば、青銅と金の価値が時代によってまったく反対になったように、「移り変わる時代は物にも栄枯盛衰を与えている。かつて貴重とされていたものはまったく名声を失ってしまう。そして別のものが立ち現われ、軽視されていたものの中から抜け出すと、日ましに、さらに探し求められ、見つけられると讃えられて栄え、そして、死すべき人間の間にあって驚くほどの名声をえる」(一二七六—一二八〇)と。

さらに、今日の人々は人里はなれた森林や牧場で憩いの時を楽しんでいるが、「大地から生まれた森の人々が味わったものより、大きな甘い悦びは味わわなかった」(一四〇九—一四一一)とルクレティウスは記している。新しいすぐれたものが出てくると人々は、手近にあったものを見捨てる。かつて見つけられたときには大きな羨望の的であった毛皮の着物も蔑まれるようになり、いまでは金と真紅の衣を手に入れようと人々は命を駆り立て、戦いで疲れ果てる（一四一二―一四二四）。ルクレティウスは巻末で、欲望に駆られた技術の追求が、かえって無知を生み出し、戦争まで引き起こすと次のように述べている。

それゆえいっそう大きな過ちがわれわれにはあると私は思う。
たしかに、寒気は大地から生れた裸の人を苦しめた。
しかしわれわれは金や素晴らしい飾りのある
真紅の着物がなくても困りはしない、
もし平服さえあって寒さを防げるなら。
それゆえ人間どもはたえず無駄なことに骨を折り、
空しい悩みに生命をすり減らしている。
きっとそれは所有の限界がどこにあり、真の悦びは
どこまで大きくなるのか知らなかったからにちがいない。
そしてその無知が少しずつ生活を深みに曳きこみ、
戦乱の逆巻く荒波を水底から掻き立ててきたのである。

（五・一四二五―一四三五）

ルクレティウスは、技術を捨て去り、原始の状態に戻ることを勧めているわけではない。しかし、技術の進歩は人類の幸福を約束してはいない。古代原子論者にとって、世界が原子と空虚からなるというみずからの理論を、自然をより効率的に用いるとか、技術をより進歩させることに役立てるという発想はまったくみられない。技術の発展は、人間の理解力や明敏な精神の働きであるとルクレティウスは認めているけれど、原子論の世界像とは直接の関係をもたず、そこには彼の深い虚無感と憂いさえこめられている。

近代原子論との相違

古代原子論と近代原子論の相違がここで明瞭になる。ボイルたちの実験によって、近代原子論が定量的に実験科学として確立されたことだけが大きな違いではない。ルクレティウスの自然哲学の最も重要な目的は、死の恐怖や神々の怒りへの不安を取り除き、不毛な宗教的呪縛から人々を解放することにあった。自然を支配する力の獲得や人間の利益のために、自然のプロセスを変更して再編成することにはなかった。これに対して、近代の原子論は、科学技術による自然の支配のプログラムと、原子論への関心がベーコンに共存していたように、当初から人間の利益のために自然を改変し支配することと結びついている。

自然が純粋に物体からできていて、すべての現象は原子の配列と運動から構成されていて、人類がその配列を人為的に変化させたり、異なる運動を与えたりすることができるならば、その可能性は無限になる。ルクレティウスの詩は、それとは対照的に、自然のなかで繰り返し営まれる、誕生、衰退、再生の自発的循環に対する畏敬に満ちており、人間の技術的進歩とその成果が人類にもたらすものについて悲観的である。技術はどれほど進歩しても、人間の根源的な不安や恐怖からの解放をもたらすものではないからである。

第六章　気象と地質

ルクレティウスはこの宇宙を、私たちを生み養うもの、無意識に慈悲深いものとして描いている。だから、私たちは天を父親と、地を母親と見なすことができるのである。彼はまた、この巨大なる全体を前にして畏怖を感じることを表明している。宇宙の広がりを目の当たりにすると、彼はある種の神々しい歓喜と身震いに包まれる。

（桜井徹訳、チャールズ・テイラー『自我の源泉』三九二頁）

雷・地震・疫病——自然の驚異の合理的説明

気象現象の説明

第六巻では、序歌でエピクロスと彼を生んだアテナイの栄光が歌われた後、嵐や雷などの自然現象の本性に関する無知が神々への恐怖を生み出してきたことから、それらの自然本性と原因の解明を主題とすることが示される(一―九五)。本論として、雷鳴や雲や雨などの気象現象(九六―五三四)、地震や噴火などの地質現象(五三五―九〇五)が説明される。古代ではそれらの現象と被害は、神々が世界に介入することによって引き起こされると考えられていたからである。それゆえ、気象現象のなかではゼウスの武器とされた雷が真っ先に取り上げられ、その詳しいメカニズムが解説される。つまり、ルクレティウスの気象現象の説明は、アリストテレスが『気象論』において展開したような体系的で網羅的な気象現象の解説ではなく、神々への恐怖や畏敬を生み出すものに集中している。

雷は雲がぶつかり合うことによって生じる。雷鳴は次のように説明される。

それは、強い風を集めた突風が
雲のなかに急に入りこみ、そこに閉じこめられ、
渦巻となって旋回し、ますます多くの雲を集めるように強いて、
周囲に厚い雲の外皮をもつ空洞を作り、
その後で突風の力と激しい攻撃がそれを弱くすると、
雲が切り裂かれて、血も凍るような大音響をたてる。
驚くことではない。空気で膨らんだ小さな袋でさえ
それが急に破裂するときには、しばしば大きな音を立てるのだから。

（六・一二四―一三一）

一方、雷光は雲がぶつかり合って、火の原子を多数打ち出すときに生じる。それは石と石を打ちあてたときに火花が散るのと同様の現象である。また、雷鳴は雷光を目で見た後に耳に入る。なぜなら、視覚を刺激するものよりも、音はいつもゆっくり耳に届くからである（一六〇―一七二）。アリストテレスは、発生においては雷鳴の方が雷光に先行するとしているが（『気象論』第二巻第九章）、ルクレティウスはその順序に従ってはいない。アリストテレスは、湿った蒸発気と乾燥した蒸発気を区別し、空気が冷却されるときに、封じ込められていた乾燥した蒸発気が収縮する雲の外に放逐され、その蒸発気が周囲に取り巻く雲に落ちかかるときの衝撃が雷鳴であると、ルクレティウスとは異なる説明をしている。イシドルスの『語源』に記された雷鳴と雷光の説明は、アリストテレスではなく、ルクレティウスからの強い影響が見られる。

ルクレティウスは、上述とは別の条件や原因で雷が発生するメカニズムについても、さらに詳しく論じている（二四六―三七八）。しかも、ルクレティウスは雷の自然学的説明にとどめず、その神話的説明を徹底的に批判する。たとえば、雷がゼウスによって投げつけられる武器であるとすれば、なぜ罪を犯した人間の胸を刺し貫いて見せしめとせず、罪なき人間を火で焼くのか。また、無人の領域に数多く落雷して、その武器の大半をなぜ無駄に使うのか。そして神々の聖なる神殿や、ゼウスの神殿さえも雷で打ち壊すことがあるのはなぜなのか、と（三八七―四二二）。

雷についての長い解説の後に、プレーステールと呼ばれる海上で起きる竜巻の仕組みが説明される(四二三―四五〇)。その次には、山の頂や海面から水の粒子が立ち昇って雲が形成され、雲の中の水が風の力によって密集したときに雨になること(四五一―五二六)や、雪や雹や氷について短い言及がなされる(五二七―五三四)。これらの記述は雷の本性を明らかにするための補足説明にとどまっているが、エラズマス・ダーウィンの雲の発生の研究やシェリーの詩にインスピレーションを与えるには十分だった。

地震の原因

続く地質現象でまず地震が取り上げられるのは、地震がポセイドンの怒りによって引き起こされるという神話があったからだろう。大地を揺らす神ポセイドンは、海を支配するだけではなく、泉や地下水も支配していると信じられていた。プラトンが『ティマイオス』と『クリティアス』で、ポセイドンがかつて支配していた巨大なアトランティス島が大地震と大洪水によって一昼夜にして海中に沈んだと書いているように、地震は水と深い関連があると思われていた。地震による土地の液状化現象の経験が、そのような関連づけを強化したのかもしれない。地震の原因は地下の空洞の存在によって、次のように説明される。

まず第一に、大地の下には地上と同様に、

いたるところに風の吹く洞窟が満ちており、
断崖や険しい岩山とともに、多くの湖や淵をその奥底に蔵していると考えよ。
さらに大地の裏の下には多くの隠れた川が流れていて、
沈んだ岩をその力で転がしていると考えねばならぬ。
なぜなら、大地はどこにおいても似た本性をもつことは明らかなのだから。
それらはつながって、下へと延びているのだから、
歳月によって地下の巨大な洞窟が崩れるときには
その巨大な破壊の衝撃によって
上方にある大地が揺れ動く。
(六・五三六―五四五)

地下の空洞の崩壊が地上で地震をもたらすことは、さほど重くはない荷馬車が通っても、道に面した建物全体が揺れるのと同じことだとも述べられている。また、地震は地下の洞窟の風が集まって一方向に強く洞窟を押す場合にも、風が地上に噴出する場合にも起きるとされる(六・五五七―六〇七)。雷や風の場合でも同じであるが、同一の自然現象を生み出す複数の原因や条件を想定することもルクレティウスの説明の特徴と言える。ルクレティウスは、一つの現象にも多くの原因が考えられ、真の原因を言い落さないためにはそのあらゆる可能性を挙げねばならないと述べている(六・七〇四―七一

一）。アリストテレスは地震の原因として、アナクサゴラスとアナクシメネスとともにデモクリトスの学説を紹介している。デモクリトスは大地が水で満ちていて、余分の水を多量に受容することによって地震が発生するとしていたので、ルクレティウスの上記の説明とは異なる。アリストテレス自身は、地震の原因を水でも土でもなく、大地が太陽と自分のなかの火によって生み出す流動気が、大地のなかで流動する場合に起きるとしている（『気象論』第二巻第七―八章）。

噴火はどんな現象か

地震の恐怖に怯える人々は、足の下から大地が遠のいて深淵に陥り、それに続いて全宇宙が残りなく崩れ落ち、世界は廃墟になるのではないかと恐怖に駆られる（六〇五―六〇七）。これに対して、まず海は広大であるために大きさが変わらないことが述べられる（六〇八―六三八）。この記述は、デモクリトスが海はその大きさを徐々に縮小し、ついには消滅すると主張したと、アリストテレスが紹介し、その反論を述べていたことが間接的に影響しているのかもしれない（『気象論』第二巻第三章）。そして、次に取り上げられるのが、エトナ（アイトナ）山の噴火である。ゼウスが巨大な怪物テュポンをその山の下敷きにしたため、火が噴きあがるという神話があった。火山の噴火は、人々を驚かし、天地の終わりではないかと恐れさせる出来事であるが、それも広大無辺の宇宙の規模から考えれば微々たる現象にすぎず、何ら驚くべきことではない。エトナ山の噴火は、山の内部が空洞であり、その中の空気が荒れ狂って熱を生み出すことによって説明される。

噴火のこの説明に踏みこむ前に、ルクレティウスは地上における巨大な現象も宇宙からみれば微々たるものであるという重要な間奏を入れている。

これらのことについては、あなたは視野を広く深くし、
あらゆる方面に遠くまでのばさねばならない。そして、
物体の総体は無限であることを思い出し、
一つの天空は全宇宙のいかに微小な部分にすぎず、
いかに極微なものであり、大地全体に対する一個の
人間の割合にも及ばないことを知ってほしい。
このことをしっかりと心にとどめ、明瞭に観察し、
明晰に考察するなら、多くの不思議は消えるだろう(mirari multa relinquas)。

（六・六四七―六五四）

第六巻でこれ以降に取り上げられるナイル川の増水、硫黄を吹きだす有毒な場所や鳥や動物を殺す有毒な流出物や毒気、また、井戸水が夏は冷たくなること、燃える泉など、古代世界の驚異譚文学に属するような出来事も、理性的にとらえれば何ら驚くべきことではない。上述の間奏は、噴火以降に取り上げるトピックに対するルクレティウスの基本姿勢を示すものと言える。惑星の動きや鏡像や磁

石のように、初めは信じがたく驚異を与える現象が、原子論にもとづく自然学的な原因説明によって、その驚きを減らしてゆくことをルクレティウスは繰り返し語っている(二・一〇二九、四・二八九、六・一〇五九)。

何事にも驚かない

理性による原因の解明によって驚異を解消するというルクレティウスの姿勢は、イタリアの人文学者でフィレンツェ共和国首席書記官を務め政治家でもあった、マルチェロ・アドリアーニ(一四六四―一五二一)にも強い影響を与えた。彼はフィレンツェの大学で教授をしていた一四九七年に、「Nil admirari(何事にも驚かない)」と題する講義を行なった。この「ニール・アドミーラーリー」は、起こりうるあらゆる出来事に備えていれば何があっても動じないというキケロが用いた言葉(『トゥスクルム荘対談集』第三巻第三〇章)や不動心を表わすホラティウスの言葉(『書簡詩』第一巻第六歌一)として知られていたが、アドリアーニはルクレティウスを念頭において、事物の原因を知ることで知られざるものへ恐怖や驚きを消し去るという意味でその言葉を用いた。

その主要なターゲットは、反メディチ家の急先鋒で神権政治を断行したサヴォナローラの説教だった。アドリアーニの講義は、彼の秘書として仕え、後に書記官として同僚にもなるニッコロ・マキャヴェッリ(一四六九―一五二七)に大きな感化を与えた。マキャヴェッリは『事物の本性について』の全文を自分で筆写し、余白にラテン語で注釈を書き入れた。その写本がヴァチカンの図書館で発見され、写本の巻末のマキャヴェッリの自署が彼自身のものだと確定したのは一九六八年である。

マキャヴェッリも、神による人間への特別な配慮を否定し、自然の目的論的な説明を排除し、原子論を採用した。マキャヴェッリは、ルクレティウスと同様に、民衆の心を来世の賞罰に向けさせ、眼前の事柄について臆病にさせる宗教を批判したが、宗教がもつ超越性と敬虔を政治的統治者への畏怖と服従に置き換えるならば、強大な政治的力を発揮すると考えていたと指摘されている。公然とルクレティウスの名前を挙げることが困難な時代にあって、彼の著作は政治家にも深い影響を与えていたのである。

ルクレティウスが挙げる驚異譚的事例のなかで、有毒な物質が数多く取り上げられているのは、巻末の疫病の伏線である。大地のなかにはさまざまな種類の原子が存在し、食物や養分となるものも多数あるが、病気に罹らせ、死を早めるものも多数あると述べられている(七六九―七七二)。驚異譚的事例の最後には、古代世界で人々を驚かせる現象であった磁石の磁気現象が取り上げられる(九〇六―一〇八九)。磁石から出た原子の流れが、鉄との間の空気を追い払うと、鉄がそこに落ちこんで磁石に引きつけられると説明されている。

疫病の原因

そして、大団円として、人々を底知れぬ恐怖に陥れる疫病の原因が語られる。ルクレティウスが、全巻の最後にアテナイの疫病の話を配置したのは、やはりルクレティウスがホメロスを強く意識していたからにちがいない。ホメロスの『イリアス』第一歌は、アカイア軍総帥アガメムノンの妾とされた娘を解放するよう嘆願するアポロンの祭司クリュセスの祈りをアポロンが聞き入れて、アカイア陣中に悪疫を発生させる誰もが知る物語から始まる。

ポイボス・アポロンはその願いを聴き、心中怒りに燃えつつ、弓とともに堅固な覆いを施した矢筒を肩に、オリュンポスの峰を降《くだ》る。怒れる神の肩の上では、動きにつれて矢がカラカラと鳴り、降りゆく神の姿は夜の闇の如くに見えた。やがて船の陣から離れて腰を据え一矢を放てば、銀の弓から凄まじい響きが起る。始めは騾馬と俊足の犬どもとを襲ったが、ついで兵士らを狙い、鋭い矢を放って射ちに射つ。かくして亡骸を焼く火はひきもきらず燃え続けた。

（松平千秋訳『イリアス』第一歌四三―五二、岩波文庫(上)、一九九二年）

これに対して、ルクレティウスは疫病の原因を、神的な原因ではなく、有毒な空気によるものだと説明する。

まず第一に、多数の事物の種子(semina rerum)が存在し、
そのなかにはわれわれにとって生命を養うものもあるが、
反対に病気や死の原因となるものが多く飛び回っているはずであることを私は教えた。

それらのものがたまたま偶然に会合して大気を乱すと、空気が病む。
そうして病気のすべての力と感染は、あたかも雲や霧のように、
外側から上空の大気を通してやって来るか、
あるいは、季節外れの度を越えた雨に湿気を帯び、日の光に撃たれ、
大地が腐ったときに、大地そのものから立ち昇る。

（六・一〇九三―一一〇二）

空気が病むことが病気だというのは、漢字の説明のようだが、驚異譚的事例で述べられたさまざまな有毒な原子が空気の原子に加わることが疫病の原因とされている。疫病を引き起こす物質は空気感染するだけではなく、「あるいは水のなかに落ち、あるいは穀物のなかにとどまり、あるいは他の人間の食料、家畜の飼料にも入り」、飲食物からも人間や家畜に病気が広がる（一一二五―一一三七）。

空気中の目に見えない小さな物質が疫病の原因であるとするルクレティウスの考え方は、近代医学にも大きな影響を与えることになる。一六世紀のイタリアにおいて、ルクレティウスについて比較的自由に議論ができる読者層があった。医師たちである。彼らは近代において、ルクレティウスのテクストに刺激を受けた最初の科学者であった。ルクレティウスやエピクロス哲学に共鳴した者のなかに、チャールトンやエラズマス・ダーウィンや『人間機械論』で有名なド・ラ・メトリーのように医師が多いことは、彼らが科学的探究精神に加えて、原子論を議論する相対的な自由や社会的特権をもって

いたことを物語る。

ルクレティウスの疫病の記述は、彼らの間で人気を得て、一六―一七世紀の医学書に長い引用がなされた。ルクレティウスに刺激を受けた医師の一人に、ヴェローナのジローラモ・フラカストロ(一四七八―一五五三)がいる。フラカストロは、著書『伝染病について』(一五四五年)において伝染の理論を展開し、「伝染病の種苗(seminaria contagiorum)」という考え方を打ち出した。つまり、ある病気は種子(semina)、すなわち微細な生物が放出する物質によるものだと主張したのである。

その発想のもとになったのが、上述のルクレティウスの「事物の種子(semina rerum)」だと考えられている。ルクレティウスにとって、有毒な種子には生命がたとえ想定されていなかったとしても、フラカストロの考えは十分にルレクティウス的である。フラカストロは、梅毒(Syphilis)やチフス(Typhus)を命名した人物として医学史に名を残すこととなった。ルクレティウスのテクストは、病気とバクテリアに関する医学の専門書にも引用されるようになり、一九世紀の後半まで引用が掲載された。

全篇の終幕

これに続くアテナイの疫病に苦しんで死んでいく人々の描写は、凄惨を極める。気道は腫れもので塞がれ、舌は血を滴らせ、息は死体の悪臭を放ち、昼夜を問わず絶え間ない吐き気と筋肉の痙攣に襲われる。同時に身体は潰瘍で焼けたようになり、骨まで燃えるように熱く、喉の渇きに苛まれるといった描写が続く。しかし、この災いの中でもとくに痛ましく心を苦しめることがあったとして、ルクレティウスが挙げるのは次のことである。

それは誰も自分が病気に罹ったと見ると、
あたかも死刑の宣告を受けたかのように
気落ちし悲痛な心で横たわり、
死ぬことだけを考えながら、その場で息をひきとっていったことだ。
実に、貪欲な疫病の感染は
次から次へと広がりゆくのをかた時もやめることなく、
毛をまとう羊や角もつ牛の間に広まるのと変わりなかった。
こうしたすべてのことが死に死を重ねることになった。
というのは、自分の生に貪欲に執着し、死を恐れ、
病気の近親を看取るのを嫌がった者たちの誰もが
少し後には、見捨てた報いをうけ、
恥ずべき不幸な死を、助けもなく、うち棄てられて死にゆく罰をうけたからである。
しかしながら、そば近くで看取りをしていた人々も感染と
労苦のために死んでいった、恥を知る心と
弱り切った人たちの甘えた言葉と愚痴の入り混じった声に義務を負わされて。

それゆえ、最善の人たちも皆このような死をとげた。

（六・一二三〇―一二四六）

疫病がもたらす死への恐怖が、人々の生きる勇気を奪い、近親者の病人さえ怯えて見捨てるほどに恥も外聞も忘れさせる。しかし、疫病は最善の人たちでさえ容赦なく、無差別に死に追いやる。そこに神の選びはない。広場や道のあちこちで、ぼろにくるまり、身体から流れる出る汚物にまみれながら多数の人々が死んでいく。最後には、神々のすべての聖なる神殿も息絶えた死体で満たされた。

そして、天上の神々の神殿もどこも死体で埋まった、
なぜなら神殿の守り手はその場所を客人で満たしたから。
神々への信仰も神の威光も、たいして重みをもたなかった。
今そこにある苦痛がすべてに勝った。

（六・一二七四―一二七七）

神々の神殿のすべてが無残な死体で埋め尽くされ、神々への信仰も弔いの儀式も都から消え失せた場面で全篇の幕が閉じられる。

エピローグ

——結局、ルクレティウスは人々の信仰や宗教をばかにしていたので、やはり無神論者と批判されても仕方なかったんじゃないでしょうか。

——ルクレティウスにとって、真実の敬虔とは、神々をよろこばせるために祭壇に犠牲を捧げる祭儀や儀式を守ることではなく、「ゆるぎない心をもって万事を眺めうること」にあったのだと思います。

——世界が原子と空虚からできていると理解することが、敬虔な生き方になるんでしょうか。

——世界も人間も神々が造ったものではなく、偶然に発生したものであり、神々は人間に怒ったり裁きを与えたりはせずに、人間の世界から隔絶した至福で憂いのない生を送っていると知れば、迷信を恐れることなく、人々の生き方も変わってくるとは思いませんか。神などいないというのではなく、世界と神々の本性を正しく知ることを、ルクレティウスは真実の敬虔だと言っているのです。

——いまひとつ、よくわかりません。もし、神々が世界を造ったわけでも、人間に関心があるわけでもなく、別のところでただ存在しているだけなら、キケロみたいに、「神よ、さらば！」と言いたくなります。

——たとえば、神々の本性が、特別な人間だけを愛したり、人間に怒りの天罰を与えたりするようなものではないと知れば、現代社会にはびこる宗教を大義名分とした戦争や民族対立や「〇〇ファースト」というエゴイズムも少しは減るかもしれません。世界の終わりに最後の審判が下って天国か地獄に振り分けられるときに、聖戦で死んだ者は天国に行けると言って、若者をテロや戦争に駆り立てるようなことも少なくなるとか。

——なんだか、ジョン・レノンの「イマジン」の歌詞みたいです。

——ジョンとヨーコの「イマジン」ですね。その歌の'Imagine there's no countries...no religion too'の歌詞を問題視する人たちがいて、そのために当時は曲がイギリスではシングルカットされなかったり、アメリカ南部など一部の地域では放送禁止になったりしました。その曲が発表された頃のアメリカはベトナム戦争の真最中で、戦争に利用されるような宗教のあり方をその歌詞は否定しているのだと思いますが、彼らが完全な無神論者として非難された点でも、ルクレティウスの場合と共通点があります。

——でも、ルクレティウスが無神論者でないにしても、やっぱり、自分が困っているときに救ってくれる神様や仏様じゃないと、有難味がない気がします。「苦しい時の神頼み」って言うじゃないですか。

――今はその言葉を良い意味で使うんですかね。でも、ルクレティウスが言うように、地震などの大規模自然災害やパンデミックのような疫病に襲われ、自分たちに降りかかった苦しみがあまりにも大きい場合には、神々への信仰がどれほどの意味をもつかはよくわからない。そのときになってみなければわかりません。信仰さえ揺らいでしまうような過酷で困難な場面でも、エピクロスの真理を知っていれば、死や死後の苦しみを無闇に恐れないでいられるとルクレティウスは考えていたのでしょう。

――自分が死ぬときの恐怖を和らげることには、原子論は多少は役に立つとしても、自分の愛する人が急に死んだりすれば、生き残った人にはどうでしょうか。死んだ人は、ばらばらの原子になったと言われて、慰めになるでしょうか。

――愛する人の死に耐えるのは、いつの時代でも誰にとっても、人生の中で避けて通れない最も難しいことですね。エピクロス派が、キリスト教の広がりのなかで消えていったのは、ローマ帝国の宗教政策や政治的歴史的な影響が大きいのですが、キリスト教の死者の復活という教義や永遠の命の約束が、愛する人を失った人々の心をとらえて、生きる支えになったということもあったのでしょう。死ぬと原子に解体され、感覚もなくなり、死はわれわれにとって何ものでもないとするエピクロス派の主張は、死の恐怖を解消してくれるどころか、死の恐怖にその確証を付け足すもので、まさにその点こそわれわれの本性を恐れさせるものだといった批判を、プルタルコスも『エピクロスに従っては、快く生きることは不可能であること』(1105A)という作品ですでに述べています。それでも、ルクレティウスは、誕生から成長すると衰退して死に至り、また再生を繰り返す自然の循環が、宇宙規模で永劫に繰り返される実相を見ることで、いかに人間存在が小さいものであるかを知ることが、現にある苦しみや悲しみの大きさを見直すことにつながり、心を平静にして生きることができるようになると考えていたのだと思います。

——そういった考え方もあることを知っておくのは、参考になります。お話を聞いて勉強になったこともたくさんありました。ルクレティウスが博学で、インターネットの守護聖人になっていたなんてことも初めて知りましたし。

——いやいや、それはイシドルスのことです。

——なんか、聞きなれない名前がたくさん出てきたので、混乱してきました。ルクレティウスの詩に影響を受けた人は多かったんですか。

——ルクレティウスの影響を受けた古代、ルネサンス、近代の人々をほんの少し、それもごくかいつまんで紹介しただけで、本格的に受容史を語るなら、文学、哲学、科学、宗教、政治の広範囲にわたってその影響を見ていく必要があります。哲学者だけでも、ライプニッツやヒュームをはじめもっと話すべき人物がいます。ルクレティウスが日本語を含めて、いつどのような言語で翻訳されて出版されてきたかを一冊の本にしたものもあるくらいです。

——なんだか、また話が長くなりそうですね。

——わかりました。エピローグは短くして、もう一言で終わりにします。ルクレティウスのテクストの場合に特筆すべきことは、ルクレティウスの原子論に本来は反対する人々によっても、その書物が破壊されずに、伝えられてきたことでしょう。人類の書物の歴史はその破壊の歴史とも言えます。アリストテレスの著作として残っているのは弟子たちがまとめた学術論文や講義ノートだけで、アリストテレスが書いた対話篇や研究資料や詩などはほとんど残っていないのに、ルクレティウスの詩の全巻が残ったということは、敵対者にもその本の魅力や重要性がわかったからだと思います。フェルナンド・バエスの『書物の破壊の世界史』という本によると、自然災害や事故や害虫の被害、言語の消滅、書写材の劣化などによる書物の破壊は四〇％にすぎず、全体の六〇％は故意の破壊によるのだそうです。

——二〇〇〇年以上、書物の淘汰を生き残ったのは、たしかにすごいです。それに、五〇〇年間も修道院の図書館でうずもれていたのに、ルネサンスで復活すると、また哲学者や科学者に大きな影響を与えたというのはロマンを感じます。そういえば、このロマンって言葉は、ロマン主義が語源なんでしょうか、お話を聴いていたら、ローマとも何か関係がありそうな気がしてきました。

参考文献

以下はルクレティウスを主題とした文献にほぼ限定している。参考すべき文献は数多く、ここには代表的文献で、かつ比較的入手しやすいものだけを挙げている。

原　典

Bailey, C., *De Rerum Natura* (Oxford Classical Texts Series), Oxford, 1922.

Ernout, A. and L. Robin, *Lucrèce: De rerum natura. Commentaire, exégétique et critique*, 3 vols.: livres I–II ; III–IV, V–VI ; coll. «Budé» Les Belles Lettres, 1925–26.

Martin, J., *T. Lucreti Cari de Rerum Natura Libri Sex*, Leipzig, 1957.

Müller, K., *De Rerum Natura Libri VI*, München, 2007.

近代語訳

Rouse, W. H. D., *De Rerum Natura* (Loeb Classical Library), Cambridge, Massachusetts, London, 1928.

Latham, R. E., *On the Nature of the Universe*, rev. J. Godwin, London, 1994.

Melville, Sir R., *On the Nature of the Universe: A New Verse Translation*, D. Fowler and P. Fowler, eds., Oxford, 1997.

邦　訳

ルクレチウス『宇宙論』田中美知太郎・岩田義一訳、『世界大思想全集』哲学・文芸思想篇3、河出書房新社、一九五九年。

ルクレーティウス『物の本質について』樋口勝彦訳、岩波文庫、一九六一年。

ルクレティウス『事物の本性について——宇宙論』藤沢令夫・岩田義一訳、『世界古典文学全集』21、筑摩書房、一九六五年。

ルクレティウス『万物の根源／世界の起源を求めて』塚谷肇訳、近代文藝社、二〇〇六年。

注釈書

Munro, H. A. J. (ed.), *T. Lucreti Cari de Rerum Natura Libri Sex*, 4th ed. (3 vols.), Cambridge and London, 1886.

Bailey, C., *Lucretius: De Rerum Natura, Edited, with Prolegomena, Critical Apparatus, Translation and Commentary*, vols. I–III, Oxford, 1947.

Leonard, W. E. and S. B. Smith, *De Rerum Natura: The Latin Text of Lucretius*, University of Wisconsin Press, 1970.

各巻別の注釈書

Brown, P. M., *Lucretius: De Rerum Natura I* (Bristol Latin Texts Series), London, 1984.

Fowler, D. and P. G. Fowler, *Lucretius on Atomic Motion: A Commentary on De Rerum Natura 2. 1–332*, Oxford, 2002.

Kenney, E. J., *Lucretius: De Rerum Natura Book III*, Cambridge, 1971.

Brown, P. M., *Lucretius: De Rerum Natura III*, Warminster: Aris & Phillips, 1997.
Brown, R. D., *Lucretius on Love and Sex: A Commentary on De Rerum Natura IV, 1030–1287*, With Prolegomena, Text, and Translation, Leiden, Brill Academic Pub, 1988.
Godwin, J., *Lucretius: De Rerum Natura IV*, 2nd ed., Warminster: Aris & Phillips, 1992.
Costa, C. D. N., *Lucretius: De Rerum Natura V*, Oxford, 1985.
Campbell, G., *Lucretius on Creation and Evolution: A Commentary on De Rerum Natura Book Five, Lines 772–1104*, Oxford, 2003.
Gale, M. R., *Lucretius: De Rerum Natura V*, Oxford: Aris & Phillips, 2009.
Godwin, J., *Lucretius: De Rerum Natura VI*, Warminster: Aris & Phillips, 1991.

研究書・解説書

Dudley, D. R. (ed.), *Lucretius*, London, 1965.
West, D., *The Imagery and Poetry of Lucretius*, Bristol, 1969.
Long, A. A., *Hellenistic Philosophy: Stoics, Epicureans, Sceptics*, 2nd ed., London, 1986.〔A・A・ロング『ヘレニズム哲学――ストア派、エピクロス派、懐疑派』金山弥平訳、京都大学学術出版会、二〇〇三年〕
Clay, D., *Lucretius and Epicurus*, Ithaca, NY, 1983.
Segal, C., *Lucretius on Death and Anxiety: Poetry and Philosophy in* De Rerum Natura, Princeton, 1990.
Osler, M. J. (ed.), *Atoms, Pneuma, and Tranquillity: Epicurean and Stoic Themes in European Thought*, Cambridge, 1991.
Sedley, D., *Lucretius and the Transformation of Greek Wisdom*, Cambridge, 1998.

Johnson, W. R., *Lucretius and the Modern World*, London, 2000.
Kennedy, D. F., *Rethinking Reality: Lucretius and the Textualization on Nature*, Ann Arbor, 2002.
Gillespie, S. and P. Hardie (eds.), *The Cambridge Companion to Lucretius*, Cambridge, 2007.
Gale, M. R. (ed.), *Lucretius* (Oxford Readings in Classical Studies), Oxford, 2007.
Warren, J. (ed.), *The Cambridge Companion to Epicureanism*, Cambridge, 2009.
Madigan, T. J. and D. B. Suits (eds.), *Lucretius: His Continuing Influence and Contemporary Relevance*, New York, 2011.
Lehoux, D., A. D. Morrison, and A. Sharrock (eds.), *Lucretius: Poetry, Philosophy, Science*, Oxford, 2013.

受容史・写本の歴史等

Ullman, B. L., *The Origin and Development of Humanistic Script*, Rome, 1960.
Gordon, C. A., *A Bibliography of Lucretius*, London, 1962.
Kargon, R. H., *Atomism in England from Hariot to Newton*, Oxford, 1966.
Hardie, P., *Lucretian receptions: History, the Sublime, Knowledge*, Cambridge, 2009.
Brown, A., *The Return of Lucretius to Renaissance Florence*, Cambridge, Massachusetts, London, 2010.
Butterfield, D., *The Early Textual History of Lucretius' De rerum natura*, Cambridge, 2013.
Palmer, A., *Reading Lucretius in the Renaissance*, Cambridge, Massachusetts, London, 2014.

第Ⅰ部と第Ⅱ部の参考文献リスト

第I部

Lang, A., *Alfred Tennyson*, Dodd, Mead, 1901.

Blumenberg, H., *Schiffbruch mit Zuschauer,* 1979.〔ハンス・ブルーメンベルク『難破船』池田信雄他訳、哲学書房、一九八九年〕

Osler, M. J., *Divine Will and the Mechanical Philosophy: Gassendi and Descartes on Contingency and Necessity in the Created World*, Cambridge, 1994.

Garin, H., *History of Italian Philosophy*, Vol. I, Amsterdam–NewYork, 2008.

Reynolds, L. D. and N. G. Wilson, *Scribes and Scholars: A Guide to the Transmission of Greek and Latin Literature*, 4th ed., 2013.〔L・D・レイノルズ、N・G・ウィルソン『古典の継承者たち――ギリシア・ラテン語テクストの伝承にみる文化史』西村賀子・吉武純夫訳、国文社、一九九六年(翻訳の底本は、3rd ed., 1991)〕

Greenblatt, S., *The Swerve, How the World Became Modern,* W. W. Norton & Company, 2011.〔スティーヴン・グリーンブラット『一四一七年、その一冊がすべてを変えた』河野純治訳、柏書房、二〇一二年〕

Johnson, M. and C. Wilson, “Lucretius and the History of Science,” in S. Gillespie and P. Hardie, eds., *The Cambridge Companion to Lucretius*, pp. 131–148.

Screech, M. A., *Montaigne's Annotated Copy of Lucretius: A Transcription and Study of the Manuscript, Notes and Pen-Marks* / with a foreword by Gilbert de Botton, Droz, 1998.

Leonard, J., “Milton, Lucretius, and ‘the Void Profound of Unessential Night’,” in K. A. Pruitt and C. W. Durham eds., *Living Texts: Interpreting Milton*, Susquehanna University Press, 2000, pp. 198–217.

寺田寅彦「ルクレチウスと科学」、小宮豊隆編『寺田寅彦随筆集』第二巻、岩波文庫、一九四七年、二〇七―二六二頁。

アナトール・フランス『神々は渇く』大塚幸男訳、岩波文庫、一九七七年。

ウォールター・ペイター『享楽主義者マリウス』工藤好美訳、南雲堂、一九八五年。

R・ボイル「原子論哲学について」吉本秀之訳、化学史学会編『原子論・分子論の原典』1、学会出版センター、一九八九年。

デズモンド・キング＝ヘレ『エラズマス・ダーウィン――生命の幸福を求めた博物学者の生涯』和田芳久訳、工作舎、一九九三年。

小川正廣『ウェルギリウス研究――ローマ詩人の創造』京都大学学術出版会、一九九四年。（ルクレティウスの詩がウェルギリウスに与えた影響に関する詳細な考察は、同書第二部「ウェルギリウスの自然観」を参照）

藤澤令夫「憂愁の宇宙論詩――ルクレティウスについて」、『藤澤令夫著作集』I、岩波書店、二〇〇〇年。

加藤守通「ブルーノ」、『哲学の歴史』4、中央公論新社、二〇〇七年、五一九―五五四頁。

アルヴィ宮本なほ子編『対訳 シェリー詩集』岩波文庫、二〇一三年。

中金聡「エピクロスとニーチェ」、『国士舘大学政治研究』第七号、一〇一―一三九頁、二〇一六年。

第Ⅱ部

Bailey, C., *The Greek Atomists and Epicurus*, Oxford, 1928.
Kerferd, G. B., "Epicurus' Doctrine of the Soul," *Phronesis*, vol. XVI, 1971, pp. 80–96.
Dobbs, B. J. T., "Stoic and Epicurean Doctrines in Newton's System of the World," in M. J. Osler, ed., *Atoms, Pneuma, and Tranquillity*, pp. 221–238.

Furley, D.J., "Lucretius the Epicurean: On the History of Man," in M. R. Gale, ed., *Lucretius* (Oxford Readings in Classical Studies), pp. 158–181.

Rahe, P. A., *Against Throne and Altar: Machiavelli and Political Theory under the English Republic*, Cambridge, 2009.

ベルグソン『ルクレーティウスの抜萃』花田圭介・加藤精司訳、『ベルグソン全集』8、白水社、一九六六年、三〇―一〇六頁。

ジャン・ペラン『原子』玉蟲文一訳、岩波文庫、一九七八年。

ディオゲネス・ラエルティオス『ギリシア哲学者列伝』下、加来彰俊訳、岩波文庫、一九九四年。

藤澤令夫「哲学の基本的課題と現実的課題」、『藤澤令夫著作集』Ⅲ、岩波書店、二〇〇〇年。

ウォルター・ペイター『ルネサンス』富士川義之訳、『ウォルター・ペイター全集』1、筑摩書房、二〇〇二年。

瀬口昌久『魂と世界――プラトンの反二元論的世界像』京都大学学術出版会、二〇〇二年。（本書第Ⅱ部第三章の記述は、この本にも詳しく書いた）

瀬口昌久『老年と正義――西洋古代思想にみる老年の哲学』名古屋大学出版会、二〇一一年。（本書第Ⅱ部第二章の記述は、この本にも詳しく書いた）

瀬口昌久「自然と技術――そのプラトン的転回」、関西哲学会年報『アルケー』第二一号、一―一三頁、二〇一三年。

小池澄夫「エピクロスと初期エピクロス学派」、『哲学の歴史』2、中央公論社、二〇〇七年。

チャールズ・テイラー『自我の源泉――近代的アイデンティティの形成』下川潔・桜井徹・田中智彦訳、名古屋大学出版会、二〇一〇年。

厚見恵一郎「マキァヴェッリとルクレティウス——ルネサンス・イタリアにおけるエピクロス主義改変の考察に向けて」、『早稲田社会学総合研究』第一六巻第一号、九五—一一三頁、二〇一五年。

S・シェイピン、S・シャッファー『リヴァイアサンと空気ポンプ——ホッブズ、ボイル、実験的生活』吉本秀之監訳、柴田和宏・坂本邦暢訳、名古屋大学出版会、二〇一六年。

あとがき

藤澤令夫先生の『実在と価値』に所収されていた論文「憂愁の宇宙論詩――ルクレティウスについて」を学部生のときに読んだのが、ルクレティウスを知った最初だった。大学院も終わり間近になってようやく、『事物の本性について』のラテン語のテクストを読む機会を与えられた。非常勤講師で来られていた小池澄夫先生が、演習でテクストに取り上げて下さったからである。当時はパソコンがようやく出回り始めた頃で、オペレーティングシステムもウィンドウズではなくMS-DOSだったが、驚くべきことに小池先生はご自分でプログラムを組んで、ラテン語と日本語の対訳辞書ソフトを作成しておられた。小池先生は、深い洞察に満ちた哲学者であり、類い稀な詩才に溢れた方であることは、著作や研究論文を通して誰もがうかがい知ることができるが、情報技術の活用も最先端であったことを記しておきたい。

小池先生がご病気だとうかがって、ご病床をおたずねしたのは、亡くなる前日であった。ご挨拶をすると、わざわざご自分で酸素マスクをはずして、苦しい息をおして「ありがとう」とひとこと、おっしゃられた。病室に備えつけのテレビの画面には、三日前に起きた東日本大震災によって引き起こされた大津波が、次々と多くの人々の住む町や地域を呑み込み、破壊していく映像が繰り返し流れていた。二〇一一年三月一五日に先生は旅立たれた。

内山勝利先生から、小池先生が担当されていた本書の後を引き継いでくれないかという思いがけないご連絡をいただいたのは二〇一三年七月半ばだった。よく考えもせずに承諾してしまったが、小池先生のご遺稿が送られてきて、お読みし、仰天した。ご遺稿を先に読んでいれば、けっして引き受けることはなかったと断言できる。それほど、小池先生のご原稿はすばらしく、ルクレティウスの名訳にはただ圧倒されるばかりだった。手がつけられないまま、急を要する他の仕事が次々と割り込んできたこともあって、歳月ばかりが過ぎた。

ようやく本書に着手できたのは、アリストテレスの『政治学』(分担訳)と『家政論』の翻訳を終えた二〇一八年の春休みからである。小池先生のご遺稿はプロローグから第Ⅰ部第二章末で途切れていた。その最後の「次は写本と文献学者の話にしましょう」という言葉にしたがって、とりあえず写本の話から書き始めることにした。第Ⅱ部については、『事物の本性について』の構成にそくして、アンソロジー、解説」という小池先生の短いメモ書きを岩波書店編集部からいただいていたので、その方針に沿うこととした。幸い二〇一八年度からルクレティウスをテーマにした科学研究費助成金を得ることができたので、研究書や文献を購入するには困らなかった。しかし、ルクレティウスの受容史を学び始めると、そのあまりの影響の広がりと深さに呆然とするばかりであった。欧米でのルクレティウス研究の豊富な蓄積と進展に比べて、日本におけるルクレティウス研究が極端に少ないことには、片手間仕事ながら西洋古典をかじる者としてはさみしい思いがする。日本ではまだルクレティウスの概説書すら一冊も出版されていない。そのため、本書が竜頭蛇尾になってしまったことをひたすらお詫びしつつも、小池先生のご遺稿の刊行を通して、ルクレティウスに関心と興味をもつ人が少しでも増える一助になればと願っている。

本書の内容の一部は、名古屋大学文学部の西洋古典学の研究講義で取り上げる機会を与えられた。受講者の意見を聴きながら内容を再検討することができた。受講してくれた学生諸君に感謝するとともに、機会を与えてくださった吉武純夫先生に御礼を述べたい。また、この長い期間、辛抱強く待ち続け、励ましてくださった岩波書店編集部の奈良林愛さんと杉田守康さんに、おわびとともにあらためて編集のご尽力に厚く感謝を申し上げる。校正では福井幸さんにもお世話になり、感謝を記す。

本書は、誰よりも忍耐深く出版を待ち続けてくださった小池哲子様にお捧げしたい。

二〇一九年三月

瀬口昌久

著者紹介

小池澄夫

1949-2011 年．長野県生まれ．1979 年，京都大学大学院文学研究科博士課程単位取得退学．元滋賀大学教授．西洋古代哲学史専攻．

（主要著書）

『イデアへの途』（京都大学学術出版会）『コピー』現代哲学の冒険（共著，岩波書店）イソクラテス『弁論集』1，2（訳，京都大学学術出版会）『ソクラテス以前哲学者断片集』（共訳，岩波書店）

瀬口昌久

1959 年，兵庫県生まれ．1991 年，京都大学大学院文学研究科博士課程単位取得退学．2000 年，京都大学博士（文学）．現在，名古屋工業大学大学院教授．西洋古代哲学史専攻．

（主要著書）

『魂と世界――プラトンの反二元論的世界像』（京都大学学術出版会）『老年と正義――西洋古代思想にみる老年の哲学』（名古屋大学出版会）プルタルコス『モラリア』1，2（訳，京都大学学術出版会）アリストテレス『政治学』（共訳），『家政論』（訳，『アリストテレス全集』17，岩波書店）

書物誕生――あたらしい古典入門

ルクレティウス『事物の本性について』――愉しや，嵐の海に

2020 年 8 月 4 日　第 1 刷発行

著　者　小池澄夫《こいけすみお》　瀬口昌久《せぐちまさひさ》

発行者　岡 本　厚

発行所　株式会社 岩波書店

〒101-8002 東京都千代田区一ツ橋 2-5-5

電話案内 03-5210-4000

https://www.iwanami.co.jp/

印刷・法令印刷　カバー・半七印刷　製本・牧製本

ISBN 978-4-00-028304-5　　Printed in Japan